Buch

Das Unterbewußtsein nimmt ganz ohne Beeinflussung laufend unterschwellige, »subliminale« Informationen aus unserer Außen- und Innenwelt auf, das heißt Daten, die unserer bewußten Wahrnehmung in der Regel entgehen.
»Subliminals« oder »subliminale Techniken« sind Kommunikationsformen, über die unser Unterbewußtsein mit spezifischen, zielgerichteten Informationen direkt versorgt wird. Diese »Arbeit mit dem Unterbewußtsein«, wie Eldon Taylor sagt, ermöglicht es, ungenutzte, brachliegende innere Kräfte zu aktivieren. Eldon Taylor gibt in seinem Buch einen Überblick über die Möglichkeiten, subliminale Programme einzusetzen: von der Krankheitsheilung über die Suchtbekämpfung bis hin zum effektiven Erlernen von Sprachen.
Ausführlich werden die kontroversen Standpunkte und Auseinandersetzungen zum Thema »Subliminals« vorgestellt, die neurophysiologischen und psychologischen Grundlagen subliminaler Wahrnehmung erläutert, und an Fallbeispielen wird gezeigt, welche großen, gelegentlich sogar spektakulären Erfolge mit einem verantwortungsvollen und kritischen Gebrauch dieser Methode erreicht werden können.

Autor

Dr. Eldon Taylor ist eine international anerkannte Autorität auf dem Gebiet der unterschwelligen Kommunikation. Er war zwölf Jahre lang als Kriminologe und Hypnosespezialist an Gerichten und auf dem Gebiet der Lügendetektion tätig. Seine Leistungen auf dem Gebiet der unterbewußten Kommunikation wurden unter anderem im *Omni Audio Experience* sowie in zahlreichen Veröffentlichungen, Radio- und Fernsehsendungen gewürdigt. Er ist Autor von Artikeln, Büchern und Kassettenprogrammen, hat mehrere Doktortitel und erhielt viele Auszeichnungen. Dr. Taylor ist der Gründer von Progressive Awareness Research, Inc., und war der Initiator der ersten Untersuchungen über Subliminals mit Insassen von Haftanstalten.

ELDON TAYLOR

DIE SUBLIMINAL-METHODE LERNEN MIT DEM UNTERBEWUSSTSEIN

Aus dem Amerikanischen übertragen
von Oliver Brüggemann

GOLDMANN VERLAG

Deutsche Erstausgabe

Für die vorliegende Ausgabe wurden Texte aus dem folgenden Titel verwendet: Eldon Taylor: Subliminal Learning. An Eclectic Approach.

Der Goldmann Verlag ist ein Unternehmen der
Verlagsgruppe Bertelsmann

Made in Germany · 4/90 · 1. Auflage
© 1989 by Eldon Taylor
© der deutschsprachigen Ausgabe 1990 by Toni Fedrigotti und
Wilhelm Goldmann Verlag, München
Umschlaggestaltung: Design Team München
Umschlagfoto: ZEFA-Hackenberg, Düsseldorf
Satz: IBV Satz- und Datentechnik GmbH, Berlin
Druck: Elsnerdruck, Berlin
Verlagsnummer: 13581
Redaktion: Gundel Ruschill
Lektorat: Johannes Jacob
Herstellung: Gisela Ernst
ISBN 3-442-13581-8

Für

Oliver Brüggemann, ohne dessen Arbeit das alles nicht möglich gewesen wäre, für die Hunderte von Stunden, die er mit mir an diesem Buch gearbeitet hat,

und

Toni Fedrigotti für seine nachhaltigen Bemühungen und seine Integrität, die er bei der Etablierung einer so diffizilen Thematik wie die der subliminalen Informationsverarbeitung bewiesen hat.

ELDON TAYLOR, Sommer 1989

Inhalt

Vorwort zur deutschen Ausgabe
von Oliver Brüggemann 9
Vorwort 11
 1. Der Ausgangspunkt: Die Sieben
    Fundamente der Meisterschaft 13
 2. Ein Abriß der Geschichte subliminaler
    Kommunikation 33
 3. Die Kontroverse um Subliminals 43
 4. Das Gesetz und Subliminals 60
 5. Informationsverarbeitung 67
 6. Wie wir lernen 81
 7. Die Ablehnungsschleife (Der Ablehnungs-
    kreislauf) 93
 8. Erfahrungsberichte 103
 9. Klinische Daten 112
10. Wissenschaftliche Ergebnisse 124
11. Auf der Suche nach dem Bewußtsein 135
12. Zusammenfassung 152
Literatur 155
Register 156

Vorwort
zur deutschen Ausgabe

Als ich im Sommer 1989 in Las Vegas die Bekanntschaft mit Dr. Taylor machte, ahnten wir nicht, daß sich aus dieser Bekanntschaft innerhalb kürzester Zeit eine fruchtbare Zusammenarbeit entwickeln würde. Ich begleitete damals meinen Freund, den Verleger Toni Fedrigotti, in die Vereinigten Staaten, wo wir uns aus erster Hand Informationen über die Subliminaltechnik verschaffen wollten, was uns dank Dr. Taylor auch mehr als gelang. Vor diesem Hintergrund wurde das Thema der subliminalen Kommunikation ausgiebig diskutiert, und wir gelangten alle sehr schnell zu der Ansicht, daß es auf diesem Gebiet noch sehr viel zu tun gibt. So wurde dann auch unter anderem die Idee geboren, ein Buch von Dr. Taylor in der Bundesrepublik zu veröffentlichen. Es sollte informativ sein, einen Einblick in die Funktionsweise des menschlichen Bewußtseins geben und vor allem eine Diskussionsgrundlage für ein Thema bieten, das in immer stärkerem Maße in den Blickpunkt der Öffentlichkeit rückt.

Wir haben dieses Buch so aufbereitet, daß es sowohl für den Laien als auch für den fachlich interessierten Leser eine lohnende Lektüre darstellt und möglicherweise sogar dazu anregt, sich intensiver mit dieser Materie zu befassen.

OLIVER BRÜGGEMANN

Vorwort

Gedanken sind Dinge, und sie sind mit Sicherheit die Kraft, die uns antreibt, uns unsere jeweiligen Lebensrealitäten zu schaffen, wenn es nicht sogar die Gedanken selbst sind, die diese Realitäten hervorbringen. Das Problem oder das Glück, je nachdem welchen Standpunkt wir gerade haben, ist, daß viele dieser Gedanken unserem Unterbewußtsein entspringen. Wir mögen uns bewußt vornehmen, dieses oder jenes in unserem Leben zu ändern, und stellen dann oft fest, daß es eher Selbsttäuschung als eine wirkliche Änderung war. Manchmal bestätigt dieser Prozeß sogar unsere aktuelle unterbewußte Erwartungshaltung, zum Beispiel die des Scheiterns. Mit anderen Worten: Wenn unser Unterbewußtsein erwartet, daß wir an etwas scheitern, werden wir mit Gewißheit keinen Erfolg haben. Deshalb müssen wir lernen, unser Unterbewußtsein für und nicht gegen uns arbeiten zu lassen.

Dieses Buch befaßt sich mit unterschwelliger (subliminaler) Kommunikation als einem Mittel der Arbeit mit dem Unterbewußten. Aber ist es eigentlich möglich, daß unterschwellige Kommunikation etwas bewirkt? Wenn ja, wo sind die Beweise, und wie funktioniert es? Gibt es bessere und schlechtere Methoden? Ist es möglich, mittels unterschwelliger Kommunikation die Persönlichkeitsstruktur grundlegend zu verändern? All diesen Fragen und Aspekten wird in diesem Buch nachgegangen. Ich habe nicht die Absicht, die letzte und definitive Antwort auf alle Fragen zu geben, zumal die Wissenschaft der Subzeption sich noch in einem sehr frühen Stadium ihrer Entwicklung befindet. Um Beweise zu erhalten, ist eine Reihe verschiedenartiger interessanter Projekte notwendig. Bereits realisierte Projekte haben jedoch klar gezeigt, daß subliminale Kommunikation wirkt und funktioniert. Weiterführende Fragen betreffen die Methoden, die Anwendungsbereiche, die Form und die Quantität der Darbietung, Detailstudien und ähnliches.

In der heutigen Zeit sind wir alle täglich auf irgendeine Weise mit subliminaler Kommunikation konfrontiert, und unser einziger »Schutz« ist das Wissen, das wir über diese Materie haben. Dieses Wissen zu erweitern und zu zeigen, wie man es sinnvoll zur Entwicklung des eigenen, ungenutzten Potentials verwenden kann, ist das Hauptanliegen dieses Buches.

1. Der Ausgangspunkt: Die Sieben Fundamente der Meisterschaft

Das Geheimnis des Glücks

Haben Sie sich jemals gefragt, was Erfolg eigentlich ist? Warum gibt es Menschen, die trotz ihres Geldes, ihres Besitzes und ihrer beruflichen Position unglücklich sind? Und warum andere einfach immer Glück zu haben scheinen – in ihren Beziehungen, mit ihren Kindern, ihrer Gesundheit, ihrer Karriere und ihrer Familie? Warum gelingt dem einen alles und dem anderen rein gar nichts?

Haben Sie je zwei Menschen in ein und derselben Lage gesehen und dabei festgestellt, daß der eine glücklich war, während sich der andere elend fühlte? Ist es nicht das Glück, worauf sich all unser Streben richtet? Und ist am Ende nicht das Glück der wahre und der wirkliche Erfolg?

Erfolg ist Glück! Wirklich erfolgreiche Menschen sind glücklich. Sie verdanken ihren Erfolg größtenteils dem, was jahrhundertelang ein Geheimnis schien. Wenn du glücklich bist und ganz in dir selbst ruhst, folgt alles Gute wie von allein.

Woher kommen Glück und Ganzheit? Wie kann ein Mensch, der im Leben Enttäuschungen erlebt, ganz er selbst werden? Wenn ein Mensch aber dahin gelangt ist, ist er dann erfolgreich? Kann eine ganzheitliche Persönlichkeit Quelle des Glücks sein? Kann sie die

Selbstachtung stärken und zu Reichtum, Ruhm, Frieden, Ausgeglichenheit und Harmonie führen? Können die Beziehungen zu Familie, Freunden und Kollegen damit verbessert werden, daß man die Verantwortung dafür übernimmt, eine ganzheitliche Persönlichkeit zu sein, was bedeutet, in Freude und Glück zu leben und die Chance zu ergreifen, sich seines Lebens mit Hilfe uralter Weisheiten zu bemächtigen? Mit diesen Fragen beschäftigen sich die *Sieben Fundamente*.

Die Sieben Fundamente sind die Bestandteile des Glücksgeheimnisses; und Glück ist der Schüssel zum Königreich des Erfolgs – Erfolg in jeder Hinsicht, Erfolg in jeder Erfahrung, Erfolg in jedem Versuch.

Das Erste Fundament

Das Erste Fundament bist du selbst – das absolut schreckliche und unglaubliche Du! Nicht das Du der Selbstzweifel, nicht das Du, das Angst hat vor Ablehnung oder Versagen, nicht das Du, das alle deine Fähigkeiten in Frage stellt, sondern das wahre Du! Nichts anderes als das wahre Du! Alles andere ist künstlich geschaffen und basiert auf einer begrenzten und falschen Vorstellung davon, was du bist und was aus dir wird. Diese falschen Vorstellungen entstehen meist im Laufe des Heranwachsens. Bei unseren ersten Versuchen, Anerkennung zu erhalten, verkaufen wir nicht selten unser wirkliches Ich! Der Wunsch, geliebt zu werden, ist so stark, daß viele von uns die Liebe und den Respekt, den wir für uns selbst empfinden sollten, aufgeben, nur um dafür Sicherheit zu erlangen. Dieser Tausch aber funktioniert nie, denn alle Unsicherheit, die wir empfinden, existiert in uns selbst. Der gewöhnliche Weg ist dann der, daß man sich nunmehr einen Guru oder sonst einen weisen Führer sucht, der die Probleme für einen löst und einem den Weg zeigt. So ist der letzte Ort, an dem wir nach Heiterkeit, Erfüllung und Glück suchen, unser Innerstes. Wir sind allzuoft so sehr mit der Suche in der Außenwelt beschäftigt, daß wir darüber vergessen, in uns selbst hineinzusehen.

Glück ist ein Geisteszustand. Das Reich liegt im Innen. Das wirkliche Du ist ein höheres Du, eine höhere Macht, die in dir wohnt und dir zur Verfügung steht, wann immer du nach ihr suchst. Es ist das Recht deiner Geburt, den Glanz deines unglaublichen Du zu manifestieren. Du hast die Macht und die Fähigkeit, alle Gaben des Lebens zu erhalten und viele wirkliche Wunder in deinem Leben zu erfahren, denn – du selbst bist ein Wunder, und alles, was du kannst und bist, ist ein Geschenk!

Deshalb bist du das Erste Fundament. Die Macht liegt in dir. Niemand kann es für dich tun. Dein Denken ist der Schlüssel dazu, dein Leben in die Hand zu nehmen und all seine Schätze zu heben. Das Bewußtsein kann nur darüber spekulieren, was im Unterbewußtsein existiert; das Unterbewußtsein mit seinem riesigen Reservoir an Kraft und Wissen ist es, das dem Bewußtsein diktiert, was es anzunehmen, zu glauben und sogar was es zu denken hat. Vorsätze und Bemühungen, erfolgreich zu sein, können durch das Unterbewußtsein schlichtweg vereitelt werden. Deine Gedanken sind das Spiegelbild deiner Erwartungen. Was in dein Unterbewußtsein gesät wurde, wirst du auch ernten. Zweifel führen zu Versagen, Versagen produziert Ärger. Und der Glaube an die Existenz von irgendwelchen Grenzen ist die größte aller sich selbst erfüllenden Prophezeiungen.

Schon seit Äonen beschäftigen sich die Weisen der Welt mit der Entwicklung der Gedankenkraft. Für den, der diese Aufgabe gemeistert hat, gibt es nichts, was unmöglich wäre. Die Geschichte ist Zeuge all der Techniken und Lehren, die ausschließlich auf die Beherrschung des Denkens hinzielen, um darin ein höheres Selbst zu finden. Vom Yoga bis zur Hypnose, das Ziel ist immer der Kontakt zur inneren Macht. Ein paar Suchende haben dieses Ziel erreicht, doch die meisten hatten nur teilweise Erfolg. Warum? Nicht deswegen, weil die Theorie falsch oder fehlerhaft ist, sondern aus dem Grund, daß nur du selbst es für dich tun kannst! Die meisten Suchenden sind durch jahrelanges Training, zeitaufwendige Rituale und Selbstkasteiung entmutigt, und so scheiterten am Ende doch alle ihre Bemühungen.

Die Erforschung des menschlichen Denkens, der elementarsten aller Begrenztheiten, hat all dies jedoch verändert. Es ist möglich, das unvorstellbare, das grenzenlose Potential anzuzapfen und das wahre produktive Selbst Wirklichkeit werden zu lassen – das Selbst, von dem wir alle wissen, daß es in uns ruht, das Selbst, das erfolgreich ist und uns zu Glück und Freude verhilft. All dies läßt sich ohne große Anstrengung erreichen und mit der Garantie, daß es funktioniert.

Die Asklepiaden der alten Griechen veränderten die unterbewußte Sprache derjenigen, deren Leben schal und unvollkommen war oder denen Glück und Gesundheit fehlte, und zwar dadurch, daß sie eine inhärente Wahrheit lehrten: Du bist, wofür du dich hältst. Heilung und Ganzheit wurden an den asklepiadäischen Stätten vollbracht bzw. wiederhergestellt, indem all das verwirklicht wurde, was die Sprache des Unterbewußten – meist in Form von Träumen – vermittelte.

Der heutige Stand der Technik ermöglicht die fast magischen »Besuche« solcher Heilzentren des Wohlbefindens in unserem eigenen Zuhause und unserer eigenen Umgebung – privat, unaufdringlich und von uns selbst zu bestimmen. Du kannst dir die jahrhundertealten Erkenntnisse der Heilung zu eigen machen. Die unterbewußten Ansichten und Meinungen, die dich auf Versagen und Elend programmiert haben, die dein Denken mit Selbstzweifeln und Furcht ausfüllen, können angegangen und geändert werden. Negative unterbewußte Erfahrungen können rückgängig gemacht werden; dem unterbewußten Denken kann die Freiheit gegeben werden, eine positive Einstellung zum eigenen Selbst zu kreieren. Und wir werden so das Größte und Beste in uns erfahren.

Das Zweite Fundament

Es besagt, daß Gedanken Dinge sind. Unsere Gedanken verraten, was wir von uns selbst halten.

Hören Sie einmal genau hin, wie Sie zu sich selbst sprechen. Drückt diese von innen kommende Sprache Optimismus aus, oder ist sie voller negativer und selbstlimitierender Vorstellungen? Ist Glück nur Zufall, oder ist es eine geistige Bereitschaft, die eine günstige Gelegenheit erkennt und annimmt? Einer der erfolgreichsten Männer in den USA stellt jedem potentiellen Manager die Frage: Sind Sie ein glücklicher Mensch? Ist die Antwort nein, »erfüllt sich die Prophezeiung zur Wirklichkeit«, zumindest, was den Aufstieg im Unternehmen jenes erfolgreichen Mannes angeht. Lassen Sie mich nochmals fragen: Halten Sie sich für einen Menschen, der Glück hat, oder eher für einen Pechvogel? Erwarten Sie Gutes in Ihrem Leben? Erwarten Sie, daß Ihre Kinder erfolgreich sein werden? Daß Ihre Beziehung glücklich ist? Daß Ihr Chef Ihre Leistungen anerkennt? Daß Ihre Mitarbeiter Sie anerkennen und bewundern? Daß Ihre Nachbarn Sie lieben? Daß der Autofahrer auf der Nebenspur abbremst und Sie einfädeln läßt? Oder glauben Sie, daß er Gas gibt und Ihnen das Nachsehen gibt?

Was Sie erwarten, werden Sie bekommen. Die Wissenschaft bezeichnet dieses Phänomen als »Pygmalion-Effekt«. Es ist eine Tatsache: Wenn man das Schlechte erwartet, wir es einem auch zuteil. Und viele von uns scheinen das Schlechte zu lieben, denn sie bekommen es fortwährend! Natürlich können wir uns beklagen, können schreien und lamentieren, wenn es uns trifft. Doch was tun die meisten in dieser Beziehung? Ihr Sprechen und Handeln ist so, als gäbe es rein gar nichts, was man tun könnte. Ist das Leben denn nicht voll von »normalen« Ereignissen, die »normale« Reaktionen auslösen? Ist es nicht »normal«, sich zu ärgern, wenn man im Berufsverkehr steckt? Ist es nicht »normal«, eingeschüchtert zu sein, wenn der Vorgesetzte einmal in barschem Ton mit einem spricht? Ist es nicht »normal«, über einen Mangel an

Respekt und Selbstachtung frustriert zu sein? Ist es nicht »normal«, irgendwann einmal zum Ja-Sager zu werden oder einfach genug von allem zu haben?

Reaktionen dieser Art mögen normal sein, doch sind sie auch angemessen, und sind sie förderlich für das Glück? Hat Wut je ein Gefühl von Frieden und Harmonie in Ihnen entstehen lassen? Wurde durch Ärger je ein Problem gelöst oder etwas anderes erreicht als noch mehr Ärger und Probleme und das Gefühl, man habe die Kontrolle verloren? Solche Reaktionen mögen normal sein, aber ein anderes Wort für normal ist »durchschnittlich«, was sich auch als »Das Beste vom Schlechten und das Schlechteste vom Guten« definieren läßt. Keine der beiden Seiten dieser Definition aber stellt das Bestmögliche dessen dar, was Sie wirklich sind.

Sie sind Ihre Gedanken. In allem, was Sie erfahren, manifestieren sich Ihre Gedanken und Ihre unterbewußten Vorstellungen. Glauben Sie daran, daß Sie Glück, Ganzheit und Erfolg verdienen? Sie müssen sich auf jeder Stufe Ihres Daseins völlig darüber im klaren sein, daß Ihnen alles Gute gehört, weil es Ihnen schon immer gehört hat. Sie schaffen Ihre eigene Realität. Nicht äußere Ereignisse sind die Kernpunkte Ihres Lebens – Sie selbst sind es. Wenn Ihre Gedanken mit Ihren Wünschen übereinstimmen, werden diese sich wie von selbst materialisieren.

Wie läßt sich nun der Kontakt zum Unterbewußtsein herstellen, damit die dort befindlichen alten, negativen und selbstbeschränkenden Vorstellungen geändert werden können? Ein wirkungsvolles Mittel, die eigenen Fähigkeiten freizusetzen, ist die sogenannte subliminale oder auch unterschwellige Kommunikation. Funktioniert diese subliminale Kommunikation? Absolut! Die Frage müßte eher lauten: Wo liegen *Ihre* Grenzen? Und dies wiederum beinhaltet die jahrtausendealte Frage nach den Grenzen des menschlichen Denkens an sich.

Subliminale Kommunikation – stille Stimmen oder Stimmen, die das Bewußtsein nicht erkennt – kann dazu eingesetzt werden, negative unterbewußte Vorstellungen und Annahmen zu verändern. Tonkassetten, die das Bewußtsein mit Musik und Naturgeräuschen »unterhalten«, während unhörbare Informationen ins Gehirn transportiert werden, sind ein leichter und bequemer Weg, unproduktive Gedanken aus unserem Denken zu entfernen. Subliminale Nachrichteneinheiten, die aufbauend und motivierend sind, wie beispielsweise »Ich bin gut«, »Ich bin wertvoll« oder »Ich kann es«, werden nach und nach Ängste abbauen, die im Unterbewußten existiert haben und selbst Anlaß für die Entstehung kontraproduktiver Ängste waren.

Das Dritte Fundament

Das Dritte Fundament heißt Vergeben und Loslassen. Das mag zunächst etwas seltsam klingen, doch denken Sie ein wenig darüber nach. Halten Sie sich für ein Opfer? Für ein Opfer der Umstände? Oder sind Sie gewillt, Verantwortung zu übernehmen? Es gibt zwei Arten, in dieser Welt gebunden zu sein. Eine ist ganz wörtlich zu verstehen – »an jemanden gebunden sein«. Die andere ist, sich selbst zu binden – in einem übertragenen Sinn –, indem man sich weigert, Vorstellungen aufzugeben, die nichts weiter tun, als Sie daran zu hindern, Ihr wahres Selbst vollständig zu leben. Mit anderen Worten: Solange Sie es ablehnen, Verantwortung zu übernehmen, und andere Menschen oder die Umstände dafür verantwortlich machen, wer und was Sie sind, so lange berauben Sie sich selbst der Macht, etwas anderes als klein und unvollkommen zu sein.

Verhalten beruht immer auf Entscheidung. Manchmal treffen wir Entscheidungen unterbewußt oder unbewußt, beispielsweise einen Konflikt zu vermeiden, indem wir unsere Gefühle unterdrücken. Diese Gefühle werden später jedoch so stark, daß wir sie nicht länger unterdrücken können, und der kleinste Anlaß kann Auslöser einer Überreaktion werden. Dies ist ein sogenannter reaktiver Prozeß: Wir haben die Kontrolle verloren. Sobald wir Verantwortung für jeden Bereich unseres Lebens übernehmen, treten wir mit unseren tiefsten Ängsten und Gefühlen in Verbindung. Die Macht, die wir über unser ehemals reaktives Verhalten gewonnen haben, versetzt uns in die Lage, auf jeden Reiz angemessen zu reagieren. Dies ist ein proaktiver Vorgang: Wir haben uns immer unter Kontrolle.

Ein Modell, das später noch besprochen wird und das Verhältnis zwischen Reiz und Reaktion beschreibt, zeigt, daß es grundsätzlich zwei Arten von Reizen gibt: reale und synthetische Reize. Ein auf uns gerichtetes geladenes Gewehr ist ein Beispiel für einen realen Reiz, eine verbale Drohung ein Beispiel für einen synthetischen Reiz. Auf beide Reiztypen reagieren wir instinktiv entweder mit Angriff oder Flucht. In unserer heutigen Zeit ist es aber immer häufiger der Fall, daß diese Reaktionen in abgewandelter Form auftreten, als Wut beziehungsweise Depression, und zwar immer dann, wenn unser Ego bedroht scheint oder wenn wir uns in irgendeiner Weise abgelehnt fühlen.

Man sagt, die höchste Funktion des Bewußtseins sei die Beherrschung animalischer Reaktionen, die Reaktionskonditionierung. Wenn wir die Verantwortung für jede Tat und jeden Gedanken übernehmen, befähigen wir uns selbst zur Kontrolle der natürlichen Reaktionen auf Reize. Das aber bedeutet auch, daß wir niemanden mehr haben, dem wir die Schuld für irgend etwas zuschieben können.

Solange wir anklagen und beschuldigen, eliminieren wir unsere Fähigkeit zu wachsen, uns zu beherrschen und Frieden, Ausgeglichenheit und Harmonie zu erfahren. Die Kraft zum Wachstum liegt im Vergeben. Vergeben und Loslassen machen uns frei. Allen zu vergeben, auch uns selbst, ist die Voraussetzung dafür, weitaus mehr zu werden, als wir sind, denn in den meisten Fällen ist das nur ein schwaches Abbild davon, was wir wirklich sein können. Die größte Ironie bei allem liegt wohl in der Tatsache, daß die meisten von uns wissen, daß sie viel mehr wert sind als das, was sie bisher in ihrem Leben geworden sind.

Das Vierte Fundament

Die größte Macht der Welt ist die Liebe. Liebe vertreibt die Angst, und Angst ist das einzige Hindernis, das wir überwinden müssen, damit all unsere Erfahrungen eine neue Dimension voll Freude und Bedeutung annehmen können. Wir sprechen hier nicht von der romantischen Liebe, wie sie ein Liebespaar empfinden mag, sondern von der bedingungslosen Liebe, ähnlich der, wie sie eine Mutter ihren Kindern entgegenbringt. In gewisser Hinsicht sind wir alle noch Kinder in verschiedenen Entwicklungsstadien und müssen lernen, wie man glücklich und zufrieden lebt. Wenn wir das wirklich verstanden haben, wird es ein leichtes sein, anderen ihre egoistischen und egozentrischen Taten zu vergeben – und auch uns selbst. »Vor allen Dingen respektiere dich selbst«, sagte Pythagoras. Um Liebe geben zu können, müssen wir zuallererst uns selbst lieben. Wir können nicht aus einem leeren Behälter schöpfen.

Aktuelle Studien zeigen, daß alle Verhaltensstörungen, vom gestörten Lernverhalten bis hin zur Kriminalität, einen gemeinsamen Nenner haben: ein geringes Selbstwertgefühl. Diese geringe Selbsteinschätzung resultiert aus der Furcht vor Ablehnung – Ablehnung durch jemanden, den man liebt, Ablehnung durch den Arbeitgeber, durch Fremde, durch jeden, der vielleicht über einen lachen oder die eigenen Bemühungen falsch verstehen und mißbilligen könnte. Auf der anderen Seite basiert ein hohes Selbstwertgefühl immer auf einer gesunden Selbstakzeptanz. Sich selbst anzunehmen ist wiederum nichts anderes, als sich selbst zu lieben. Deshalb resultiert ein gesundes

Selbstwertgefühl immer aus der Liebe zu uns selbst. Wir können niemand anderen lieben, wenn wir uns nicht selbst lieben.

Fast jede Sucht ist die Folge geringer Selbstachtung und der Art und Weise, wie wir mit unseren Ängsten vor Ablehnung fertig werden. Wir müssen dahin gelangen, jeden Menschen auf eine Art zu lieben, die keine Bedingungen kennt, was natürlich nicht heißen soll, daß wir alles und jedes gutheißen müssen, was andere tun oder sagen. Es bedeutet lediglich, daß wir ein Verantwortungsgefühl entwickeln und die Dinge ändern, die wir ändern können, und alles, was wir nicht beeinflussen können, akzeptieren.

Wenn unsere Einstellung von Liebe getragen ist, wird unser Leben sich plötzlich mit Menschen füllen, die dasselbe empfinden und leben. Wir ziehen andere Menschen gleich einem geistigen Magneten an, und sobald unsere Einstellung voller Liebe ist, werden automatisch die richtigen Menschen und Situationen in unser Leben treten, und wir erfahren plötzlich all das Glück, all die Freude und all den Erfolg, der uns eigentlich von der Schöpfung zugedacht war.

Liebevolle Gedanken ziehen ihresgleichen an. Das gleiche gilt für unheilvolle Gedanken. Wenn wir unglücklich sein wollen, ist das letzte, was wir suchen, die Gesellschaft von jemandem, der glücklich ist. Das Gegenteil trifft genauso zu. Liebe ist die Kraft, die über reines Verstehen hinausgeht. Liebe ist die schöpferische Kraft im Leben, und Freude, Glücklichsein, Erfolg, Ausgeglichenheit und Harmonie sind ihre natürlichen Früchte.

Das Fünfte Fundament

Hier geht es darum, akzeptieren zu können. Die bedingungslose Liebe verlangt, daß ich andere Menschen so annehme, wie sie sind, und darüber hinaus mich selbst als eine ganze, vollständige Einheit begreife, die sich gegenwärtig in einem Lernprozeß befindet, der Leben heißt.

Anerkennung, Liebe und Vergebung stehen untereinander in derselben Verbindung wie die drei Seiten eines Dreiecks, die nur zusammen das komplette Ganze ergeben. Akzeptanz ist ein natürlicher Prozeß, den wir bereits als Kinder kennengelernt haben. Wir haben es einfach als gegeben hingenommen, daß es abends dunkel wird, und haben gelernt, unser Leben dementsprechend einzurichten. Als wir älter wurden, lernten wir, die Welt mit Hilfe der Elektrizität zu manipulieren. Es gibt einige Dinge auf dieser Welt, die wir zu unserem Nutzen manipulieren können und auch sollen. Einen dunklen Raum mit der Betätigung eines kleinen Lichtschalters in einen hellerleuchteten zu verwandeln ist zweifellos ein Beispiel dafür. Es gibt aber auch andere Elemente, die uns umgeben und über die wir keine Macht haben und auch nicht haben sollen. Der Versuch beispielsweise, andere Menschen nach unseren Vorstellungen zu verändern, ist etwas, womit viele von uns ihr Leben zugebracht haben oder zubringen.

Der beste und einzige Weg, unsere Umgebung zu beeinflussen, ist, selbst ein Beispiel zu geben, selbst Vorbild zu sein. Wenn wir die anderen so nehmen, wie sie sind, haben wir den ersten Schritt zur Selbstanerkennung getan und unseren Beitrag zur Verbesserung aller Verhältnisse oder jeder Situation geleistet. Krishnamurti sagte einmal: »Du bist die Welt.« Wenn wir Frieden und Liebe aus dem Innern heraus ausstrahlen, wird die Reflektion der Welt eine voll Frieden und Liebe sein. Verurteilen wir jedoch, verdammen, hassen wir oder sind wir voller Gier, wird uns genau das wieder entgegentreten. Die Welt ist ein Spiegel, und wir sollten uns in ihm immer selbst erkennen, denn sie gibt uns die Gelegenheit zum Lernen.

Wenn wir Widerstand leisten, werden wir Widerstand erfahren. Das, was wir an anderen am wenigsten mögen, ist fast immer nur eine Reflektion von etwas in uns selbst. Wenn wir uns selbst lieben und annehmen, lieben und akzeptieren wir auch die anderen. Jeder einzelne Mensch, der uns im Leben begegnet, begegnet uns als Lehrer. Jeder hat etwas zu unserem Lernen beizutragen. Im Gegenzug haben wir natürlich auch etwas zu seinem Lernprozeß beizusteuern. Aus dieser Perspektive betrachtet, überschreitet jede Begegnung mit einem anderen Individuum die Begrenztheiten der Manipulation.

Das Fünfte Fundament wird auch als die »Goldene Regel« bezeichnet: Behandle andere so, als wärst du es selbst, und zwar das beste Du, das es gibt, und der Rest wird von ganz allein geschehen. Alles, was von uns ausgeht, fällt auf uns zurück. Die Bibel lehrt uns in der Geschichte vom verlorenen Sohn, daß Gott uns so akzeptiert, wie wir sind, und uns bereits vergeben hat. Genauso lehrt uns dieses Fünfte Fundament, daß wir selbst genausoviel wert sind wie der geringste unserer Brüder. Uns selbst zu akzeptieren und zu lieben gibt uns die Fähigkeit, andere zu lieben und zu akzeptieren. Und die Fähigkeit, andere zu lieben und zu akzeptieren, gibt uns wiederum die Kraft, uns selbst zu lieben und zu akzeptieren.

Mit dieser Perspektive, als Auftrag unserer Erfahrungen, befähigen wir uns selbst und unsere Umwelt. Wir werden verstehen, daß alles, was geschieht, nur deshalb geschieht, damit wir lernen. Wir haben es in der Hand, schnell zu lernen und vorwärtszukommen oder aber auch herumzutrödeln und noch ein paar nicht so schöne Erfahrungen machen zu müssen, bis wir anfangen zu begreifen. Akzeptanz kann unser persönliches Wachstum beschleunigen und jede Erfahrung zu einer Bereicherung machen.

Wir können uns dazu entschließen, in jeder Erfahrung das Gute sehen zu lernen. Genauso leicht, wie wir uns über etwas beklagen, könnten wir uns auch sagen: »Ich kann es kaum erwarten, das Gute in dieser Erfahrung zu erkennen.«

So zu denken ist alles andere als verrückt, denn sogar eine nüchterne und logische Betrachtung zeigt uns, daß Wut oder Streß noch nie Freude und Glück gebracht haben. In Wahrheit ziehen Wut und Streß nur noch mehr Wut und Streß nach sich, wobei wir hier gar nicht von den schädlichen Reaktionen sprechen wollen, die dabei in unserem Körper ausgelöst werden.

Das Sechste Fundament

Martin Luther King hat einmal gesagt: »Ich werde nie das sein können, was ich sein soll, bevor ihr nicht das seid, was ihr sein sollt, und ihr werdet nie das sein können, was ihr sein sollt, bevor ich nicht das bin, was ich sein soll.« Er erläuterte anschließend, daß die gegenseitige Vernetzung der Realitäten das Gewebe ist, aus dem das Menschsein besteht.

Das Sechste Fundament bedeutet Interdependenz aller Aspekte des Ganzen. Jeder von uns ist ein Aspekt des Ganzen und steht mit den anderen Aspekten in wechselseitigem Zusammenhang. Jeder von uns zieht Respekt oder Verachtung an, je nachdem, was wir den anderen geben – und zwar allen anderen. Im Laufe der Zeit wurden diesem Konzept die verschiedensten Namen gegeben, deren geläufigster wohl der Ausdruck »Karma« ist. Was wir säen, das werden wir ernten.

Interdependenz heißt also, daß jeder einzelne Verantwortung hat für all das, was im Gegensatz zum Menschsein in seiner höchsten Form steht. Und daß er darüber hinaus zu jeder Zeit und in jeder Situation versuchen muß, durch sein Denken und Handeln ein inneres Gleichgewicht und Harmonie im Sinne des Ganzen herzustellen. Das soll nicht heißen, daß man nun nach Gründen suchen soll, die man jemand anderem in die Schuhe schieben kann. Es soll heißen, daß es durchaus möglich ist, daß wir alle in Harmonie zusammen leben und arbeiten und daß wir durch das Beispiel, das wir geben, und die Art, wie wir handeln, eine Umgebung schaffen, die für alle liebevoll und förderlich ist.

Viele Menschen agieren auf eine ko-dependente

Weise. Ihre Methode, Verantwortung zu übernehmen, sieht so aus, daß sie andere manipulieren, indem sie Schuldgefühle wecken, nach Fehlern suchen oder eine vertragsähnliche Haltung einnehmen, die sich in etwa so anhören könnte: »Wenn ich dieses oder jenes für dich tue, würdest du dann...?« oder »Wenn du mich wirklich lieben würdest, dann würdest du dieses oder jenes...« und so weiter. Ko-Dependenz bedeutet, den anderen dahingehend zu beeinflussen, daß er einem Sicherheit, Gefühle oder Macht gibt. Wenn ein anderer nicht ohne einen selbst leben oder wirken kann, bedeutet das eine Bestätigung des eigenen Selbstwertgefühls – und natürlich auch vice versa. Ein ko-dependenter Mensch ist sowohl ein Opfer seiner Situation als auch der anderen Menschen. Der Wunsch, andere Menschen zu beherrschen und zu kontrollieren, ist ein klassisches Symptom der Ko-Dependenz, die immer einer eigenen Unsicherheit entspringt. Jede Form von Unsicherheit ist extrovertiert (nach unten gerichtet). Ein ko-dependenter Mensch sieht allen Stimuli mit einer Erwartenshaltung entgegen, die sich so anhört: »Ich werde mich so und so verhalten, wenn du dich so verhältst« oder »Wenn du dich so verhältst, dann tue ich dies oder jenes«. Diese Art von Konflikt entsteht aus der Angst heraus, daß die eigenen Erwartungen nicht erfüllt werden könnten.

Glücklichsein ist eine Geisteshaltung, die von Augenblick zu Augenblick im ewigen Hier und Jetzt existiert. Ist sie nicht vorhanden, entsteht der Konflikt aus dem Unterschied zwischen dem, was wir denken, und dem, was wir erfahren sollten. Mit anderen Worten: Wenn wir haben, was wir uns ersehnen, fühlen wir Freude, und wenn diese Erfahrungen vorbehaltlos gemacht werden – im Gegensatz zu jenen vertragsähnlichen Erfahrungen –, werden wir nur noch Freude empfinden.

Unsicherheit ist der Antrieb für Ängste, und die Ängste selbst sind eine ungemein schöpferische Kraft. Wovor wir am meisten Angst haben, ist oft das, was wir uns selbst als Erfahrung schaffen. Anstatt das, was uns begegnet, zu akzeptieren, malen wir uns aus, was sein könnte, oder jammern darüber, was hätte sein können. Es ist aber jeder ganz allein für sich selbst verantwortlich; und wir müssen mit uns selbst im Einklang sein, bevor wir mit allen und allem anderen in unserem Leben in Einklang kommen können.

Wir müssen im Jetzt leben, und wir müssen vermeiden, in Illusionen zu leben. Du stehst dort, wo du stehst, und ändern wird sich erst dann etwas, wenn du es selbst tust. Du selbst, nicht die anderen, bist für dein Glück verantwortlich. Du bist die Welt!

Das Siebte Fundament

Das Siebte Fundament ist die Kulmination aller anderen Erfolgsgrundlagen. Das Prinzip dieser Kulmination lautet: »Tu es jetzt!« Wir leben in einer Welt der Aktion, nicht in einer Welt des Wartens. Damit sich irgend etwas ändert, mußt du es selbst verändern. Nichts geschieht, bevor du es nicht geschehen läßt! Einzig du allein kannst etwas für dich tun, also tu es jetzt!

Die meisten Selbsthilfeprogramme scheitern an ihrer Durchführbarkeit. Der Wunsch, besser zu werden, wird auf morgen vertagt – aber es wird einfach nie morgen. Wenn du Erfolg willst, mußt du etwas tun! Erfolg passiert nicht einfach so. Eine gute Definition von Wahnsinn ist, wenn man das gleiche immer und immer wieder tut, aber jedesmal ein anderes Ergebnis erwartet. Um einen Weg zu verlassen, der nie Glück, Harmonie, Wohlstand, Erfolg und Ausgeglichenheit gebracht hat, mußt du diesen Weg auch wirklich aufgeben. Du mußt irgend etwas anders machen. Es nicht zu tun ist Wahnsinn.

Tu es jetzt. Tu jeden Tag das, was du tun kannst, um dein Ziel zu erreichen, und tu es mit Enthusiasmus. Werde dir darüber klar, daß es an dir liegt und daß dir alles, was du heute tust, früher, als du es dir vorstellen kannst, zum besten gereichen wird.

Wäre diese Welt ein Reich der Theorie, wäre keiner von uns hier. Nichts auf der Welt steht still oder wartet. Nicht zu handeln ist auch eine Handlung. Nicht zu handeln, wenn sich die Gelegenheit dazu bietet, heißt, die Gelegenheit verstreichen zu lassen, egal wie sie auch ausgesehen haben mag. Nichts zu wissen ist eine Sache, aber das Wissen zu haben und trotzdem nichts zu tun ist eine andere. Das Wissen zu haben und es nicht umzusetzen ist eine Haltung, die besagt: »Ich bin mit allem zufrieden. Ich bin vollkommen.« Herzlichen Glückwunsch, wenn das bei Ihnen so ist.

Falls es jedoch nicht so ist, dann öffnen Sie die Tür, wenn die Gelegenheit anklopft, und seien Sie bereit, wenn sie eintritt. Sie werden bald feststellen, daß Sie der glücklichste Mensch auf Erden sind. Wenn Sie jede Chance mit einer positiven inneren Einstellung ergreifen und bereit sind, jeden Tag auf irgendeine Art und Weise besser zu werden, dann wird an Ihre Tür auch nichts anderes anklopfen als Glück und Freude. Verschieben Sie nichts auf morgen, was Sie heute schon genießen können. Halten Sie sich an diese Sieben Fundamente, und deren Weisheit wird Ihnen den Weg zeigen. Sie werden wissen, was für Sie richtig ist, und wenn Sie dann handeln, wird das geschehen, was für Sie das beste ist. Haben Sie Vertrauen zu sich selbst, und glauben Sie an Ihr phantastisches Selbst, stärken Sie Ihre Gedanken durch Ihre Wünsche, akzeptieren, vergeben und lieben Sie, und lassen Sie alles los, und das Geheimnis des Erfolges wird sich Ihnen in seinem ganzen Reichtum offenbaren.

Tun Sie es, und tun Sie es jetzt!

2. Ein Abriß der Geschichte subliminaler Kommunikation

Die Forschung beschäftigt sich mit subliminaler Kommunikation bereits länger, als gemeinhin angenommen wird. Zu Beginn unseres Jahrhunderts wendeten frühe Verhaltenstherapeuten in Sitzungen mit ihren Patienten die sogenannte »Flüstertechnik« an. Die dahinterstehende Idee ist einfach. Wenn dem Bewußtsein eine Aussage vorgelegt wird, hat es das Recht, diese zu akzeptieren, abzulehnen oder zu modifizieren. Wenn das bewußte Denken also beispielsweise mit der Behauptung konfrontiert wird, daß man sich wohl fühlt, kann es diese anfechten. Das Unterbewußtsein hat diese Fähigkeit zur Diskriminierung jedoch nicht, und daher kommt es, daß man sich in der Tat wohl fühlt, wenn das Unterbewußtsein dieser Meinung ist. Paradoxerweise sind die im Unterbewußtsein vorherrschenden Ansichten und Vorstellungen aber auch die Grundlage dafür, daß das bewußte Denken zum Beispiel eine positive Programmierung ablehnt. Negative und hemmende Ansichten, die im Unterbewußtsein existieren, geben dem Bewußtsein die Richtlinien dafür, was es zu akzeptieren hat und was nicht.

Die ersten Untersuchungen zur subliminalen Kommunikation gehen auf das Jahr 1863 zurück, in dem Suslowa eine Schwellendiskriminierung hinsichtlich elektrischer subliminaler Stimulation nachweisen konnte.

Im Jahre 1894 schrieb Dr. W. R. Dunham einen interessanten Kommentar über unterschwelliges Denken und subliminale Kommunikation, der einem, fast hundert Jahre später, beim Lesen immer noch den Eindruck vermittelt, man hätte einen Science-fiction-Roman vor sich. Im folgenden einige Auszüge aus Dunhams interessantem Werk »Die Wissenschaft der Vitalkräfte«.

»Die fortschrittlichsten Denker prägen den Ausdruck ›subliminales Bewußtsein‹ als Beschreibung einer Intelligenz, die sich anders als das gewöhnliche Bewußtsein manifestiert, nämlich als eine Intelligenz, die aus den verborgenen Schichten der individuellen Persönlichkeit entspringt. Hier stellt sich natürlich die Frage nach einer Struktur im Gebilde unseres Wesens, die sichtbar wird, wenn man unter die Oberfläche dringt. Es mag unmöglich sein, genau festzulegen, wo das supraliminale Bewußtsein aufhört und wo diese subliminale Intelligenz anfängt, was allerdings auch gar nicht unsere Absicht sein soll. Wir haben lediglich den Wunsch... zu zeigen, daß es einen Teil der menschlichen intellektuellen Persönlichkeit gibt, der von einer stetig wachsenden Komplexität ist – eine Intelligenz, die einem unbekannten Teil unseres Selbst entspringt, deren Arbeitsweise mysteriös, deren Verständnis nicht einfach und deren Zweck noch nicht völlig erkannt worden ist...

Dieser Unter-Zustand, den man ›subliminales Bewußtsein‹ nennt, gehört als Teil zum Wesen jedes mehr oder weniger existierenden Individuums, und es ist möglich, ihn durch systematische Arbeit an die Oberfläche zu bringen. Es ist dies kein Bewußtsein, das durch die Pflege supraliminaler Fähigkeiten erlernt werden kann, sondern vielmehr eine Art angeborenes Bewußtsein, welches Intelligenz einer gänzlich anderen Art beinhaltet – ein Bewußtsein, das sogar in unterdurchschnittlich intelligenten Menschen die wunderbarsten Fähigkeiten zum Ausdruck bringen kann, was sich ja anhand von sogenannten mathematischen oder musikalischen »Wunderkindern« darstellen läßt. Der Gedanke ist gar nicht so abwegig, daß die Genies in der Geschichte der Menschheit einfach die Fähigkeit hatten, diese natürlichen Qualitäten anzuziehen und zu verwenden. Dieses subliminale Bewußtsein hat nämlich die Fähigkeit, mit ein paar Individuen eine Art ›stille Kommunikation‹ aufzunehmen. Mit anderen Worten, für das Bewußtsein einer Person A besteht die Möglichkeit, aus dem Unterbewußtsein der Person B zu lernen, was sich dann anhand des supraliminalen Bewußtseins von A nachweisen läßt. So kann A Fakten und Gedanken lernen, die eigentlich nur B bekannt sind, eine Sache, die oft in Tests nachgewiesen wurde und die man als ›Telepathie‹ bezeichnet. Das supraliminale Bewußtsein kann sich vorstellen, an jeder beliebigen Stelle der Welt zu sein oder auch tatsächlich dort sein. Die Fähigkeiten des subliminalen Bewußtseins gehen aber noch weit über dies hinaus. Es kann Dinge auf das genaueste beschreiben. Es kann sich beispielsweise in ein kilometerweit entferntes Haus begeben und alles, was sich dort befindet, genau und detailliert beschreiben, was normalerweise, ohne dort zu sein, gar nicht möglich wäre. Solche Phänomene nennt man ›Hellseherei‹, was eigentlich nichts anderes ist als ein vorübergehendes Ausschalten des supraliminalen Denkens und ein stetes Training der subliminalen Fähigkeiten. Hypnose ist ebenfalls ein temporäres Abschalten der supraliminalen Tätigkeit einer Person A, während das supraliminale Bewußtsein der Person B die Gedanken und den vom Willen befreiten Mechanismus von A steuert. Wenn dies erreicht ist, kann B durch Einsatz seines Willens den hypnotisierten A dazu veranlassen, seine Gedanken auszusprechen, was A jedoch nicht bewußt wahrnimmt...

Wie aber funktioniert das? Eine Erklärung hierfür ist, wie wir fürchten, genauso schwierig zu geben wie eine Erklärung dafür, wie der Mensch denkt...

Kein gebildeter Mensch wird die Existenz eines Unterbewußtseins leugnen wollen. Genausowenig ist es von einem intellektuellen Standpunkt aus gesehen klug, die Grenzen und Fähigkeiten eines solchen Teilbereiches der intellektuellen Funktion menschlicher Individualität festlegen zu wollen. Diese Tätigkeit, die man erkannt und der man den Namen ›psychische Kraft‹ gegeben hat, ist ein bestimmendes Moment innerhalb des subliminalen Bewußtseins. Die vergleichsweise junge Entdeckung einer Tätigkeit, die sich häufig unbewußt durch den menschlichen Organismus äußert, erfreut sich in den fortschrittlicheren

Kreisen der zivilisierten Länder einer ziemlich großen Beachtung. Die vielen einzelnen und verschiedenartigen Erscheinungsformen dieser Tätigkeit auch nur erwähnen zu wollen, würde jedoch den uns hier zur Verfügung stehenden Rahmen sprengen.«

In der Tat ist der Informationsaustausch zwischen Personen und sogar zwischen Ich und Nicht-Ich holographisch, wie ich das auch in einem meiner Bücher darlege. Als solche beinhaltet Wahrnehmung an sich immer die Ganzheit jeder einzelnen Informationseinheit. Jede dieser Einheiten entfaltet sich im sogenannten Raum-Zeit-Kontinuum, und so kommt es, daß jede Information, die wir bewußt wahrnehmen, immer von einer ganzen Reihe unterschwellig registrierter Komponenten begleitet wird. Die Mechanik dieses Prozesses nennt man Bioplasma oder Coronale Entladung (auch als Aura bekannt). Die Elektrophotographie, auch Kirlian-Photographie genannt, ermöglicht es, Bilder von diesem Bioplasma anzufertigen, das scheinbar eine Art drittes Nervensystem ist und den organischen Komplex Gehirn/Körper nicht nur zu beeinflussen, sondern auch umgekehrt proportional auf ihn zu reagieren scheint. Sowjetische Mediziner haben diese Technik erfolgreich zur Diagnose und Prognose sowohl physischer als auch mentaler Defekte angewandt. Mit diesem Thema ließe sich mühelos ein Buch füllen, und so möchte ich nun wieder zur Geschichte der subliminalen Kommunikation zurückkommen.

In den fünfziger Jahren berichtete ein Kinobesitzer aus New Jersey, er habe während der Vorführung des Films »Picnic« stroboskopartig Subliminals (strobos =

griechisch für Wirbel) auf die Leinwand projiziert. Nach seinen Angaben brachte das Einblenden der Aufforderung »Trink Coca-Cola« über das Gesicht von Kim Novak während sechs Wochen einen Anstieg seines Coca-Cola-Umsatzes um 58 Prozent.

1957 erschien Vance Packards Werk »Die heimlichen Verführer«, das, obwohl es oft angegriffen wurde, in den sechziger Jahren auf den Pflichtlektürelisten fast aller Hochschulen stand. Packard zitiert aus der Londoner *Sunday Times* den Angestellten eines New Jerseyer Theaters, dessen Aussagen zufolge das Einblenden von Eiscremewerbung in die laufende Vorführung einen (anders nicht erklärbaren) Anstieg des Absatzes von Eiscreme nach sich zog. Die *Times* nannte diese Technik damals »unterschwelligen Effekt«.

Ob man sie nun als »unterschwellig« oder »subliminal« bezeichnet, das Wesen dieser Kommunikation ist dergestalt, daß das bewußte Denken sie nicht wahrnimmt und in den meisten Fällen auch nicht wahrnehmen kann.

Packard warnt in seinem Buch vor Psychologen, die plötzlich zu Marketingstrategen werden, und vor der daraus resultierenden psychologischen Verführung der Konsumenten. Von verschiedenen Glaubenssystemen bis hin zur Produktidentifikation zeichnet Packard ein Bild der Verführung durch die wissenschaftlichen Möglichkeiten von Motivationsanalyse, Feedback und psychologischer Manipulation. »Die heimlichen Verführer« war der erste offene Versuch, die Öffentlichkeit über potentielle Orwellsche Mittel zu informieren, die auf eine heimliche Versklavung des Denkens abzielten.

Seit dem Vorfall in dem New Jerseyer Kino rissen die Schlagzeilen in allen größeren Publikationen nicht mehr ab, die über die Anwendung subliminaler Techniken berichteten, wobei die Themen von sportlicher Motivation bis zur Reduzierung von Kleindiebstählen reichten.

Im Jahr 1980 installierte die McDonagh-Klinik in Gladstone, Missouri, einen Subliminalprozessor, der gesprochene Worte so mit Musik zusammenmischte, daß sie nicht mehr wahrnehmbar waren. Das Ganze sollte zur Entspannung der Patienten eingesetzt werden. Aus den Berichten geht hervor, daß die Anwendung dieser Musik-Wort-Mischung zu einer deutlich sichtbaren Reduzierung von Angstzuständen führte, was sich zum Beispiel darin äußerte, daß deutlich weniger Ohnmachtsanfälle auftraten. Wurden die subliminalen Informationen eingestellt, verloren wieder mehr Patienten das Bewußtsein.

Wie weit der Einsatz subliminaler Kommunikation zeitlich zurückreicht und in welcher Gestalt sie uns allen heute gegenübertritt, läßt interessante Mutmaßungen zu. Alfred Hitchcock verwendete in der Erstveröffentlichung seines Films »Psycho« Worte wie Blut, Messer und Mord, um die Angst des Publikums zu steigern.

Meines Wissens geht der erste Einsatz akustischer unterschwelliger Kommunikation (neben der bereits erwähnten Flüstertechnik) auf Lozanov in Bulgarien zurück, der damit versuchte, mathematische und linguistische Lernfähigkeiten zu vergrößern. Lozanovs Technik bewegte sich später dann aber mehr in Richtung Suggestopädie als zur Anwendung von Subliminals.

Der nächste Schritt war die Beckersche »Black Box«. Becker, ein ehemaliger Professor der Tulane-Universität, meldete einen kleinen schwarzen Kasten zum Patent an, der gesprochene Worte auf einem Level mit Muzak (= funktionale Musik) zusammenmischte, der unterhalb der Hörgrenze lag. Beckers Box wurde zuerst in Kaufhäusern getestet, wobei man mit Informationen wie »Ich bin ehrlich« und »Ich will nicht stehlen« große Erfolge erzielte: Die Zahl der Ladendiebstähle nahm ab.

Wilson Brian Key wurde von seinen Kritikern eine »schmutzige Phantasie« vorgeworfen, die sie jedoch nur in seine Ausführungen über sexuell ausbeuterische Motive in der Werbung hineininterpretierten. Key analysierte in seinem Werk »Clam Plate Orgy« (Venusmuschelorgie) sowohl supraliminale als auch subliminale Inhalte von Kunst und Werbung, wobei er bis zur Sixtinischen Kapelle zurückgeht (supraliminal = für das Bewußtsein nicht erkennbar; subliminal = für das Bewußtsein nicht wahrnehmbar).

Ich selbst habe mit einer Person gesprochen, die in den frühen siebziger Jahren daran beteiligt war, subliminale drogenverherrlichende und satanische Nachrichten in die Musik von Rockbands zu mischen. Die hierbei verwendete Technik wird »Back-Masking« genannt. Nach eigenen Angaben hörte diese Person damit auf, als die Inhalte der Nachrichten sich im Verhalten der Fans spiegelten. Die Bands, darunter auch so bekannte Grupen wie die Formation KISS, hatten die Idee angeblich alter östlicher Literatur entnommen, wofür jedoch bis heute kein Nachweis erbracht wurde.

Gerade zur Zeit der Niederschrift dieses Buches beschäftigt der Fall der Heavy-Metal-Band Judas Priest die Gerichte in Nevada. Die Gruppe soll eine Aufnahme veröffentlicht haben, auf der sich subliminale Informationen befanden, die den Hörer dazu bewegen sollten, Selbstmord zu begehen. In der Anklage werden ihnen der Selbstmord eines jungen Fans und die Verkrüppelung von einigen anderen zur Last gelegt. Das Gericht hat hier einen Präzedenzfall vorliegen, bei dem es unter anderem um Änderungen der verfassungsmäßigen Rechte sowie um technisch-kreative Aspekte geht. Ein sich aus dem letzteren ergebendes Problem ist die elektronische Entzerrung subliminaler Inhalte. In einem Telefonat mit einem am Prozeß beteiligten Experten brachte ich meine Meinung darüber zum Ausdruck, daß subliminale Inhalte, die sich elektronisch nicht nachweisen ließen, zu schwach wären, um vom Gehirn überhaupt registriert zu werden. Um subliminal registriert zu werden, muß ein Reiz stark genug sein, um eine Neuronenaktivität auszulösen. Ein Flüstern drei Straßen weiter ist kein subliminaler Reiz, da seine Intensität nicht ausreicht, um Neuronen zu aktivieren. Es gibt jedoch gewisse Back-Masking-Techniken, bei denen sich das Feststellen subliminaler Inhalt als äußerst schwierig erweist.

Ohne Zweifel können Informationen wie »Bring dich um... Tu es jetzt«, ob sie nun supraliminal oder subliminal dargeboten werden, bei Leuten mit instabiler oder gestörter Persönlichkeit eine Selbstmordreaktion auslösen. Die Darbietung von Nachrichten dieser Art ist meiner Meinung nach nicht nur unverantwortlich, sondern kriminell und sollte sowohl straf- als auch zivilrechtlich verfolgt werden.

Ganz gleich jedoch, wie lange Subliminals schon eingesetzt und in welchem Maße sie derzeit benutzt werden, es ist kaum möglich, sich vorzustellen, daß es in der heutigen Bevölkerung jemanden gibt, der noch nie der einen oder anderen subliminalen Verführung ausgesetzt war. Die Frage danach, das Produkt *wie vieler* subliminaler Einflüsse der heutige Mensch ist, ist weitaus relevanter als die Frage, *ob* wir subliminal manipuliert werden.

3. Die Kontroverse um Subliminals

*Kleine Geister verurteilen,
was sie nicht verstehen.*

RICHARD SUTPHEN

*Es funktioniert nicht,
aber es ist gefährlich.*

Die subliminale Kommunikation als kontrovers zu bezeichnen ist eine schlichte Untertreibung. Die Öffentlichkeit betrachtet subliminale Kommunikation bestenfalls mit Ambivalenz. Viele Psychologen versichern, daß es keinen Beweis für die Wirksamkeit gibt, daß es »nicht funktioniert«, und zugleich sagen sie: »Halte dich davon fern – es ist gefährlich.« Diese Folgerung erscheint mir paradox. Denn wie kann etwas, das nicht wahrgenommen wird, als gefährlich wahrgenommen werden?

Eine telephonische Umfrage des *Journal of Advertising* aus dem Jahre 1983 ergab, daß von 209 befragten Personen 81 Prozent etwas über unterschwellige Werbung wußten, und etwa die gleiche Anzahl derer, die etwas darüber wußten, glaubte, daß besagte Mittel in der Werbung verwendet werden, um den Konsumenten zu manipulieren. Von zwei Befragten glaubte jeweils einer, daß diese Technik nicht nur gefährlich, sondern auch unmoralisch sei. Zwei weitere Schlußfolgerungen ergaben sich aus den Antworten der Befragten bzw. der Befragtenstruktur:

1. Die Probanden waren der Meinung, daß unterschwellige Werbung weitverbreitet sei, wobei sie dies jedoch nicht konkretisieren konnten.
2. Die Person, die am wahrscheinlichsten schon von subliminaler Kommunikation gehört hat, ist weiß, gebildet und hat ein jährliches Einkommen von über 20 000 Dollar (Zanot, Pincus, Lamp, 1983).

In einer anderen telephonischen Umfrage wurden 300 erwachsene Personen angesprochen, um die Einstellung zu subliminalen Selbsthilfeprodukten zu analysieren. Die Studie enthüllte die Tatsache, daß die Konsumenten diesen Produkten nicht nur skeptisch gegenüberstanden, sondern auch Angst hatten, beeinflußt zu werden, Dinge zu tun, die sie nicht tun wollten. Zur Verwendung von Subliminals in der Werbung hatten die Befragten eine andere Einstellung als zu deren Verwendung zu anderen Zwecken. Die Umfrage ergab außerdem, daß

1. die Gruppe der Befragten, die sich der Problematik der subliminalen Wahrnehmung bewußt war und sich besorgt über die Entwicklung auf diesem Gebiet äußerte, größtenteils weiß, gebildet und wohlhabend war;
2. die Gruppe der Befragten, die subliminalen Selbsthilfeprodukten gegenüber am aufgeschlossensten war, meist ein niedriges Bildungsniveau und familiäre Probleme hatte (Block, van den Bergh, 1985).

Ich kann die »Durchschnittsmeinungen« und auch die mancher Psychologen nicht ernst nehmen. Wenn etwas wirkt (wie beispielsweise Subliminals in der Werbung), dann wirkt es. Wie kann etwas unwirksam und gleichzeitig gefährlich sein? Dieser Vorstellung liegt ein gewichtiger Denkfehler zu Grunde.

Wie konnte ein solch gravierender logischer Fehler unentdeckt bleiben? Vielleicht weil wir, als die Opfer, Angst vor der Welt haben – Angst davor, *sie* könnten uns manipulieren oder zu etwas zwingen. Wenn wir jedoch den Gebrauch subliminaler Techniken für unser eigenes Wachstum akzeptieren, müssen wir erkennen, daß diese Akzeptanz den Gedanken beinhaltet, daß wir in gewisser Weise lernen, uns selbst zu helfen, und daß wir niemanden außer uns selbst für unsere Fehler oder unser Scheitern verantwortlich machen können. Ich bin bei vielen Anlässen gefragt worden, warum denn solch ein gravierender Unterschied zwischen den Ansichten von Fachleuten und Laien herrsche, wenn es um subliminale Technik geht. Das, was ich oben sagte, ist für mich die einzige gültige Aussage, denn sie beruht auf Erfahrung.

Es wurde auch vorgebracht, daß die Regierung die Subliminal-Technik als eine Art Orwellsches Mittel geheimhielte, um so die Bevölkerung unter Kontrolle halten zu können. Oder daß die einflußreiche Lobby der Psychologen aus rein finanziellen Gründen Widerstand gegen subliminale Selbsthilfeprodukte leiste. Ich persönlich halte keine dieser Annahmen für glaubhaft, obwohl einige Regierungen Studien und Experimente mit subliminaler Kommunikation durchführen ließen.

Ich neige dazu zu glauben, daß die wahren Hintergründe dieser Kontroverse nichts anderes sind als Ignoranz und Angst. Ignoranz gegenüber der Forschung und den gegenwärtig bekannten Fakten und Angst hinsichtlich der (als bedrohlich empfundenen) Akzeptanz einer Selbstverantwortlichkeit, die das Paradigma subliminaler Kommunikation impliziert.

Die Presse hat wiederholt zwei Meinungen gegenübergestellt. Die eine Seite wird meist von irgendeinem Collegelehrer repräsentiert, die andere von einem unabhängigen Forscher, Hersteller, Verkäufer oder Konsumenten. Der Collegelehrer argumentiert gewöhnlich gegen Subliminals und bringt vor, sie seien unwirksam, wissenschaftlich nicht nachgewiesen und gefährlich. Die andere Seite hält dem anekdotenhafte Beweise entgegen. Meine Erfahrung hat mich gelehrt, daß die Presse, selbst wenn man ihr das entsprechende Quellenmaterial zur Verfügung stellt, entweder nicht weiß, wie sie das Thema behandeln soll (und trotzdem strittige Konzepte präsentiert), oder die Angelegenheit ignoriert. (Vielleicht haben die Presseleute ihre eigenen Ängste.)

Ein Vorfall dieser Art ereignete sich anläßlich eines Artikels im *Insight Magazine,* Ausgabe vom 14. September 1987, wobei die Autorin des Artikels Unmengen an Material von meinem Institut erhalten hatte. Sie begann den Artikel mit den Worten: »Trotz der Schwierigkeit, die Wirksamkeit von Subliminals nachzuweisen...« Im weiteren Verlauf des Artikels stellt sie dann fest, daß Subliminals, obwohl in der Werbung verboten, in der Kassettenindustrie Gewinne erzielen, weil die Konsumenten glauben, daß es funktioniere, »...obwohl niemand – einschließlich der Hersteller – genau weiß, wie.«

Warum überhaupt jemanden um Informationen bitten, wenn man doch nicht hört, was er sagt? Warum nach Beweisen fragen, wenn man die Antworten ignoriert? Dies sind nur zwei der Fragen, die mir durch den Kopf gingen, als ich den *Insight*-Artikel las. Die nächste Frage, die sich mir stellte, war: Schüren sie die Kontroverse vielleicht nur, um eine möglichst hohe Auflage zu erzielen?

Ein ähnliches Beispiel, jedoch eines, das von äußerst geringer journalistischer Verantwortung zeugt, war ein Interview, daß ich in Logan, Utah, einem Zeitungsreporter gab. Der Redakteur zitierte im Artikel dann Dr. Elwin Nielson, außerordentlicher Professor der Utah State University, mit der Feststellung, daß unterschwellige Kommunikation in Verbindung mit Selbsthilfeprodukten den Konsumenten ausbeuten würde. »Es ist traurig«, wird Nielson zitiert, »sie (die Konsumenten) werden auf die gleiche Weise betrogen, wie ein Hochstapler eine Witwe damit betrügt, daß er ihr ein Luftschloß für die mühsam ersparten 3000 Dollar verkauft.« In seiner Antwort auf einen Brief meines Firmenanwalts stellte Nielson lediglich fest, daß besagter Journalist die Fragen falsch dargestellt, sich kaum Notizen gemacht und ihn außerhalb des Kontexts zitiert habe.

Was ergibt sich aus all dem für die Öffentlichkeit? Weitere Auseinandersetzungen! Zum wiederholten Mal muß man die Frage nach dem Warum stellen. Wollen die Medien absichtlich solch eine Verwirrung stiften?

Als Elaine Jarvik einen Artikel über subliminale Selbsthilfeprogramme schrieb, war die Zahl der Befürworter und Gegner ausgewogen. Trotzdem enthielt der gedruckte Artikel einen kleinen »subliminalen Witz«. Der Artikel endete mit dem Bericht einer Diana Steed, die von einer meßbaren Vergrößerung ihrer Brust berichtete, nachdem sie eine Zeitlang mit einem Subliminal-Kassettenprogramm für Brustvergrößerung gearbeitet hatte. Als Beweis legte Frau Steed Bilder von »vorher« und »nachher« vor. Der Artikel enthält drei fettgedruckte Buchstaben, einen in jeder Spalte. Sie ergeben in einer aufsteigenden Anordnung das Wort T I T (»Titte«).

War es nur Zufall? Oder war es jemandes Sinn für Homor? Es besteht auch die Möglichkeit, daß dies getan wurde, um Leser zu gewinnen oder um die Sache ins Lächerliche zu ziehen. Im selben Artikel sprach ein Professor von der Universität Utah den wahrhaft klassischen Satz (s. Kapitelanfang), daß es nicht funktioniere und – davon abgesehen – gefährlich sei; man solle besser die Finger davon lassen.

Bob Tripe berichtet in einer Veröffentlichung der United Press International, daß Thoma Wilkinson, ein Psychologe aus Grand Rapids, Patienten hatte, die Subliminal-Kassetten benutzten. Wilkinsons Gegner war der Psychologe Ivan Ross aus Minneapolis. Ross wird dahingehend zitiert, daß die Verwendung subliminaler Kommunikation »eine lächerliche Angelegenheit« sei und »keinen praktischen Wert« habe.

Der Streit um den Beweis

In der oben genannten Veröffentlichung wird auch der Psychologe Joseph Smith zitiert, mit den Worten: »Die Gesamtheit wissenschaftlicher Beweise zeigt, daß nichts dahintersteckt.« Das habe ich oft gehört und habe wiederholt nach der »Gesamtheit« wissenschaftlicher Beweise gefragt. Man konnte mir nichts vorweisen. Immer wenn ich diejenigen, die solche Aussagen machten, aufforderte, mir eine Studie zu nennen oder mir ein Beispiel zu geben, wurde mir gewöhnlich entgegnet: »Nun, was ich sagen will, ist, daß es keine Beweise dafür gibt, daß Subliminals wirken.« Soll das alles sein, was mit »Gesamtheit wissenschaftlicher Beweise« gemeint ist?

In den vergangenen zwanzig Jahren, besonders aber seit der Veröffentlichung meines Buches »Subliminal Communication«, habe ich in Seminaren, Kursen und Radiosendungen mit einigen tausend Menschen gesprochen. Kein einziger Gegner der Subliminals konnte je auch nur den Ansatz eines Beweises liefern. Ich habe Fachleuten oft geraten, einmal die Computerlisten der Universitätsbibliotheken durchzusehen. Ich habe einige hundert Male meine Erfahrung weitergegeben, die ich machen konnte, als ich persönlich die Listen der psychologischen und medizinischen Bereiche der Mariott-Bibliothek an der Universität von Utah durchsah: Ich fand dort einige hundert Verweise auf wissenschaftliche Befunde, die auf die Gegebenheiten und die *Wirksamkeit* subliminaler Kommunikation hinweisen!

Doch der Streit geht weiter. John Lofflin berichtet in einer Ausgabe der *New York Times* vom März 1988, daß im Jahre 1987 schätzungsweise 250 Millionen Subliminal-Kassetten verkauft wurden. Lofflin erwähnt auch die Ergebnisse von Howard Shevrin, einem Professor der Psychologie an der Universität Michigan, der seit dreißig Jahren auf dem Gebiet der unterschwelligen Wahrnehmung forscht. Shevrins Ergebnisse zeigen, daß unterschwellige Nachrichten, die einen Bezug zu einem vorhandenen inneren Konflikt haben, einzigartige, meßbare Gehirnwellenmuster auslösen. Bei gewissen Nachrichten könne es auch passieren, daß der Konflikt nicht gelöst wird und es lediglich zu gewalttätigen, verbitterten oder anderen schlimmen Reaktionen komme. Gleichzeitig wird Shevrin in der amerikanischen Septemberausgabe von *Psychologie Heute* dahingehend zitiert, daß die Hinweise einiger Subliminal-Hersteller auf wissenschaftliche Beweise »Humbug« seien.

Im Februar 1987 veröffentlichte der *National Enquirer* eine Story über versteckte Botschaften. Jeder, den ich bat, den Artikel zu lesen, war der Ansicht, daß die Art und Weise, in der der Artikel geschrieben war, nahelegen sollte, der Autor hätte mit mir und Wilson Key persönlich gesprochen. Tatsächlich hatte er die Interviews (zumindest meine Aussagen) meinem Buch »Subliminal Communication« entnommen. Obwohl dieser Artikel die Wirksamkeit subliminaler Technologie nicht in Frage stellt, wird doch deren geheime und manipulative Verwendung betont. Es wird eine Aussage von Wilson Key angeführt, nach der eine ganze Reihe von Abteilungen der Polizei, unter anderem das San Francisco Police Department, bei Verhören Subliminal-Kassetten einsetzten.

Die wahre Kontroverse

Die wirkliche Kontroverse entsteht durch die heimliche und betrügerische Weise, in der subliminale Techniken eingesetzt werden. Ob es sich dabei um das Orwellsche Syndrom handelt oder um die Selbstverantwortung als Antithese zu einem »1984«-ähnlichen Szenario, immer ist es Angst, die durch sensationelle und kontroverse Abweichungen von objektiven Sachverhalten und einer objektiven Faktenanalyse die Sache zunichte macht.

Die Schlagzeilen, für die der expandierende Markt für subliminale Selbsthilfeprodukte in letzter Zeit sorgte, und der sich immer weiter verbreitende Einsatz subliminaler Techniken haben in vieler Hinsicht das Feuer geschürt. Im April 1987 schlug *Building Supply & Home Centers* (früher *Building Supply News*) eine »High Tech Hardware« zur Reduzierung von Diebstählen vor, die aus in sich geschlossenen Fernsehmonitorsystemen und unterschwelligen Suggestionen bestand (*Building Supply & Home Centers,* 1987).

Laut *Providence Journal* werden nach Aussagen des National Crime Prevention Councils jedes Jahr Waren im Wert von 16 Milliarden Dollar bei Ladendiebstählen erbeutet. Das Journal zitiert L. Connors, Geschäftsführer der Vereinigung der »Anonymen Ladendiebe«, der angab, daß Ladendiebstähle überall dort um 25 bis 36 Prozent zurückgingen, wo subliminale Abschreckungsanlagen installiert worden waren (*Providence Journal,* 1986).

Die *Business Week Industrial Edition* veröffentlichte eine Warnung, wonach an der Wall Street unzulässigerweise subliminale Nachrichten über optische Medien dargeboten würden. Die Information kam vom amtierenden Vizepräsidenten einer Werbeagentur, die auf Werbung für Finanzprodukte spezialisiert ist (*Business Week Industrial Edition,* 1986).

Nach Aussagen der International Resource Development in Norwalk, Connecticut, ist eine erstaunliche Verbreitung solcher Software festzustellen. Einige der neuen Programme sind speziell auf bestimmte persönliche Bedürfnisse zugeschnitten und beschäftigen sich konsequenterweise mit der Diagnose von Krankheitssymptomen, Ernährungs- und Fitneßfragen oder werden als Hilfsmittel in der Verhaltenstherapie eingesetzt. »Einige Programme zielen lediglich darauf ab, dem Benutzer bestimmte Sachverhalte bewußt zu machen, andere enthalten subliminale Botschaften« (*News Release,* 1985).

Die *Marketing News* schlugen im Juni 1985 die kommerzielle Nutzung der unterschwelligen Effekte bei Reklametafeln vor (*Marketing News,* 1985). *Marketing Communications* stellten fest, daß »subliminale Projektionstechniken auch in der Fernsehwerbung wirkungsvoll eingesetzt werden könnten«. Des weiteren »haben psychologische Tests ergeben, daß die Technik beim Zuschauer emotionale Reaktionen hervorruft, obwohl der entsprechende mentale Prozeß auf einem unbewußten Level abläuft« (*Marketing Communications,* 1985).

Proactive Systems in Portland, Oregon, soll Einzelhandelsgeschäften subliminale Nachrichtensysteme angeboten haben. In dem Artikel wurde jedoch der Eindruck erweckt, daß die von Proactive Systems verwendete Technik nicht subliminal sei, da die Nachrichten verstanden werden könnten, »wenn man direkt neben dem Lautsprecher steht«, und daß insofern auch keine Verletzung der FCC (Federal Communications Commission) Bestimmungen vorliege (*Marketing News,* 1985).

Greentree Publishers kündigten 1985 Computersoftware an, die »unterschwellige Nachrichten über die Computermonitore großer Firmen einblitzte«. Jede Art von Nachrichten kann so über laufende Computermonitore eingeblendet werden (*Computer Decisions,* 1985).

Das New Life Institute in Santa Cruz, Kalifornien, bietet subliminale Software für den IBM-PC an, die für »unterbewußte Suggestionen« sorge. In der Presseveröffentlichung heißt es: »Der Benutzer empfängt über einen Zeitraum von acht Stunden 28000 Suggestionen auf einem unterbewußten Level« (*New Release,* 1984).

Die Firma Stimutech aus East Lansing, Michigan, die meines Wissens nicht mehr tätig ist, bot ebenfalls ein Gerät an, mit dessen Hilfe sich subliminale Inhalte über Computermonitore vermitteln ließen. »Das Expando-Vision Interface, zusammen mit dem richtigen Programm, blitzt alle zweieinhalb Minuten eine extrem kurze Nachricht auf den Bildschirm. Dadurch prägen sich bestimmte Nachrichten im Unterbewußtsein ein, die Verhaltensänderungen hervorrufen können«, wurde in einer Erklärung versichert (*Merchandising,* 1983).

Die New Yorker Firma Entertel gab bekannt, daß sie »Inserenten für ihre ›Ambient-Video‹-Produktionen suche, die kurze Nachrichten dort einblenden wollen«. Der Inhaber der Gesellschaft, S. Young, gab zwar zu, daß es sich hierbei um unterschwellige Werbung handle, plante aber gleichzeitig eine Werbeproduktion für Jeans. In dieser einstündigen Farbmontage mit dem Namen »Fabulous Women« wurden Frauen gezeigt, »die sich, mit Bikinis, Shorts, Röcken oder auch Jeans bekleidet, auf der Leinwand räkeln« (*Advertising Age,* 1985).

Nach Aussagen der *Women's Wear Daily* wurde die Hautpflegeserie von Pier Auge dadurch lanciert, daß die Allison-Gruppe für Pier Auge Schönheitsinstitute einrichtete, in denen während der eineinhalbstündigen Facials Subliminal-Tapes abgespielt wurden (*Women's Wear Daily,* 1987).

Die Firma Environmental Video stellte ein »subliminales Überzeugungsvideo« vor, auf dem die Kassette mit versteckten Videonachrichten unterlegt war (*Video News,* 1983).

Advertising Age berichtete, daß das Magazin *New Woman* »...etwas entwickelt hat, was sie ›subliminaler Synergismus‹ nennen, eine Technik, bei der die dominante Farbe einer vierfarbigen Anzeigenseite als farbcodierte Schattierung unter die Überschrift der gegenüberliegenden Seite gelegt wird« (*Advertising Age,* 1982).

Akademische Werbung

Laut einer Schrift von Eric Zanot und Lynda Maddox »ignoriert die akademische Gesellschaft das Thema unterschwelliger Werbung«, wo auch immer es zur Sprache kommt. Außerdem legten die beiden Autoren eine Studie vor, die das Ausmaß subliminaler Kommunikation an verschiedenen Colleges und Universitäten im Rahmen werbungsbezogener Kurse zum Gegenstand hat. Sie kamen zu folgenden Ergebnissen:

1. Die Professoren sind sich des subliminalen Konzepts völlig bewußt.
2. Obwohl das Thema in einer ganzen Reihe von Kursen und Vorlesungen behandelt wird, ist die darauf verwendete Zeit im ganzen gesehen sehr gering bemessen.
3. Die Problematik unterschwelliger Werbung wird auch in anderen Fachbereichen behandelt.
4. Werbepädagogen und Marketingabteilungen gehen davon aus, daß das Konzept aber wenig oder gar nicht genutzt wird (Zanot, Maddox, 1983).

Laut einer Studie von Cuperfain und Clarke hätten »die Marketingfachleute die Möglichkeit, Konsumentenverhalten mit unterschwelligen Mitteln zu beeinflussen, vorschnell abklassifiziert« (Cuperfain, Clarke, 1985).

In einem Mordprozeß im Jahr 1977 stellte die Verteidigung des 15jährigen R. Zamora aus Florida einen Antrag auf Unzurechnungsfähigkeit, der sich auf die »ungewollte subliminale Intoxikation durch das Fernsehen« berief (*Broadcasting,* 1977).

Hardrock-Bands wurde lange Zeit vorgeworfen, daß sie satanische, sexistische und drogenbefürwortende unterschwellige Nachrichten auf ihren Platten benützten. Das Lied »Suicide Solution« (Die Selbstmordlösung, Anm. d. Übers.) von Ozzy Osbourne wurde von Stephen Williamson aus Oregon entschlüsselt. Williamson, Direktor des Institute for Bio-Acoustic Research, wurde damit vom Anwalt einer kalifornischen Familie beauftragt, die Osbourne verklagt hatte mit der Behauptung, seine »todesbesessenen Texte, speziell der verschlüsselte Teil«, seien verantwortlich für den Selbstmord ihres 19jährigen Sohnes. Der Richter der nächsthöheren Instanz in Los Angeles ließ die Klage auf Grundlage des verfassungsmäßigen Rechtes auf freie Rede fallen (Ruben, 1987).

Ich wurde einmal gebeten, für ein Footballteam ein Subliminal-Programm mit Hardrock-Musik zu machen. Als ich das Stück mit einem parametrischen Equalizer analysierte, traten vorher nicht hörbare verbale Inhalte klar hervor. Da das Footballteam sehr erfolgreich war, wurde die Geschichte in den Medien publik gemacht. (Wir hatten den Soundtrack jedoch nicht benutzt.) Das South Ogden Police Department bat mich damals um Details und eröffnete mir, daß man über ein öffentliches Lehrprogramm verfüge, das sich mit »subliminalen Nachrichten, die gelegentlich in Musik integriert werden, um Menschen zu beeinflussen«, beschäftige. Zusätzlich besaß die betreffende Stelle die technische Ausrüstung zur »Kanaltrennung«, die es ermöglichte, subliminale Inhalte zu finden (South Ogden Police Department, 1987).

In der Novemberausgabe des *American Psychologist* aus dem Jahre 1985 erklärten John Vokey und J.

Read das »Back-Masking«, das am weitesten verbreitete Mischverfahren bei Hardrock-Aufnahmen: Es sei »mehr eine Funktion der aktiven Konstruktion beim Hörer als tatsächlich vorhandener Nachrichten« (Vokey, Read, 1985).

In Kanada ist der Gebrauch subliminaler Kommunikation lange nicht so umstritten. Die kanadische Radiostation CIME-FM in Ste. Therese, Quebec, sendet beispielsweise Anti-Mosquito-Frequenzen in ihren Musikprogrammen. »Außerdem werden jeden Abend Entspannungs- und jeden Morgen Motivationssubliminals gesendet« (*Wall Street Journal*, 1985).

Im Januar 1987 beschloß die Kanadische Kommission für Radio, Television und Telekommunikation, den Einsatz von subliminaler Werbung nicht länger zu behindern. »Sie machten der Industrie die Auflage, diesbezüglich eigene Richtlinien zu erstellen und vorzulegen« (*Marketing*, 1987).

Die Universität von Montreal sendete in einem Radioprogramm Musik mit Entspannungssubliminals. Die anschließende Umfrage unter einhundert Hörern ergab, daß die meisten das Programm begrüßten, um Spannungen abzubauen und ruhiger schlafen zu können (Borgeat, Chaloult, 1985).

Subliminales Training

Eine subliminale Trainingsmethode, die die staatliche Universität von Ohio als »Minimalwahrnehmung« bezeichnete, wurde im Zweiten Weltkrieg entwickelt, um die Kanoniere der U.S. Navy zu schulen. »Die Soldaten mußten die Silhouetten feindlicher Flugzeuge identifizieren, die kurz auf eine Leinwand projiziert wurden. Bei einer Projektionszeit von einer hundertstel Sekunde mußten sie in einer Sitzung über 2000 feindliche Flugzeugtypen anhand ihrer Umrisse identifizieren können« (Barenklau, 1981).

Seit diesem frühen Einsatz subliminaler Techniken im militärischen Bereich haben sich die Gerüchte über Methoden der »Gehirnwäsche« und Trainingsprogramme, die unterschwellige Techniken verwenden, hartnäckig gehalten. Einer meiner Kollegen, Dr. Carl Schleicher von der Firma Mankind Research Unlimited, Inc., Mitglied des Accelerated Learning Institute, beide in Silver Spring, Maryland, beheimatet, benutzte subliminale Einlagen in Blitzkarten, die bei der Sprachausbildung von Regierungsangestellten verwendet wurden. Schleichers Arbeit stellt die Fortsetzung der genialen Arbeit des bulgarischen Psychiaters Dr. Georgi Lozanov dar, der Kinder mit großem Erfolg Fremdsprachen lehrte und dabei die unglaubliche Lernquote von bis zu tausend Worten täglich erreichte. Schleichers Aussagen zufolge haben staatliche, wissenschaftliche und privatwirtschaftliche Untersuchungen die Wirksamkeit der Subliminal-Technik eindrucksvoll dokumentiert.

Mit staatlichen Zuschüssen wurden Blinde unter Leitung von Dr. Schleicher mit großen Erfolgen zu

Computeroperators ausgebildet. Das Training fand im Zentrum für Präventiv- und Rehabilitationstherapie statt, dessen Leiter Dr. Schleicher ist. Dabei wurden unter anderem subliminale Schlüsselworte und kreative Imagination mit großem Erfolg eingesetzt.

Im Laufe der Zeit habe ich unzählige Briefe erhalten, in denen Regierungen und Einzelpersonen des Einsatzes subliminaler Techniken, mit dem Ziel der Manipulation und Kontrolle von Individuen, bezichtigt werden. Viele Male wurde ich nach den Möglichkeiten der Hochfrequenz- und Radiotechnik gefragt. Natürlich ist es möglich, eine unterschwellige Nachricht zu senden, und das ist wahrscheinlich auch der Grund, warum Kuba unter den Frequenzen amerikanischer Radioprogramme senden kann. Wahrscheinlich ist dies auch der Grund, warum der FCC von Zeit zu Zeit bestimmte Radiostationen nicht auf Sendung gehen läßt – um die Inhalte der Infiltration klar bestimmen zu können. Jedesmal nämlich, wenn der amerikanische Sender abgeschaltet ist, kann man das kubanische Programm gut empfangen.

Bioakustische Untersuchungen haben deutlich gemacht, daß bestimmte Frequenzen in bestimmter Weise Auswirkungen auf den körperlichen Organismus haben, und diese Frequenzen können, wenn sie nicht selbst schon unterschwelliger Natur sind, natürlich unterschwellig gesendet werden.

Im Prinzip beinhaltet jede Erfindung sowohl positives als auch negatives Potential. Wenn wir alle die Paranoia bezüglich Subliminals einmal überwunden haben, können wir vielleicht die Kontroverse über ihre Existenz und Wirkung in eine Diskussion über mögliche positive Einsatzgebiete verwandeln.

4. Das Gesetz und Subliminals

Es wird für die meisten Leser eine Überraschung sein, zu erfahren, daß der Einsatz subliminaler Kommunikation gesetzlich nicht geregelt ist. Außer in zivilrechtlichen Verfahren gibt es keine Möglichkeit, subliminaler Manipulation entgegenzutreten. Vielleicht trägt aber der Fall der Rockband Judas Priest, den ich bereits im zweiten Kapitel dieses Buches ansprach, dazu bei, daß endlich die nötigen gesetzlichen Grundlagen für eine strafrechtliche Verfolgung des Mißbrauchs subliminaler Kommunikation geschaffen werden. Wenn es nicht so unverantwortlich wäre, daß hier bis heute noch nichts geschehen ist, könnte man sich darüber amüsieren, daß die Reaktionen der Öffentlichkeit Ende der fünfziger und Anfang der sechziger Jahre genau dort wieder endeten, wo sie begonnen hatten. Subliminals, die die *Newsweek* damals als »die erschreckendste Erfindung seit der Atombombe« bezeichnete, wurden nach und nach als »Ausgeburt einer schmutzigen Phantasie« oder schlicht als »Hirngespinst« abgetan. Denjenigen, die wußten, daß es keine gesetzlichen Regelungen gab, wurde erzählt, daß etwas, was man nicht hören oder sehen kann, auch keinen Schaden anrichten kann. Was man nicht sieht, sieht man nicht, und folglich ist es auch nicht vorhanden.

In den vielen Interviews, die ich gegeben habe, und

in vielen Kontakten mit der Öffentlichkeit überraschte mich die Meinung, die viele Leute über Subliminals vertraten. Es hieß, entweder funktionierten sie nicht, es sei, genau wie im Märchen von des Kaisers neuen Kleidern, bestenfalls ein Placeboeffekt, oder sie seien gesetzwidrig.

Obwohl es mehrere Staaten gibt, auch in den USA, die sich um Gesetzesinitiativen bemühen, ist doch bisher kein Gesetz erlassen worden bzw. in Kraft getreten.

1986 strengte die Abgeordnete Frances Merrill im Utaher House of Representatives eine Gesetzesinitiative an, die subliminale Kommunikation zu untersagen, wenn das Einverständnis der Betroffenen nicht vorliegt. Wir haben diese Inititative damals aus mehreren Gründen unterstützt. Erstens ist Utah meine Heimatstadt und zweitens der Hauptsitz unserer Mind Mint Kette, deren Filialen hochspezialisierte Selbsthilfeprodukte vertreiben, darunter über dreihundert Subliminal-Programme verschiedener Hersteller. Durch den Absatz von mehreren zehntausend Kassetten und durch unsere Forschungsarbeit, die wir im Utaher Staatsgefängnis unter Strafgefangenen durchführten, verfügten wir über Erfahrungen aus erster Hand, mit denen wir eine so wichtige Initiative unterstützen wollten.

In diesem Gesetzentwurf ging es darum, daß, genau wie ein Restaurant vor einigen Jahren noch verpflichtet war, die Benützung eines Mikrowellenherdes anzugeben, nun beispielsweise alle Einzelhändler, die Antidiebstahls-Subliminals einsetzten, dazu verpflichtet werden sollten, entsprechende Hinweisschilder anzubringen. Selbstverständlich wären dann auch

Rockbands und jeder andere, der Subliminals benutzt, dazu verpflichtet, Hörer bzw. seine Klientel darüber zu informieren.

Es gab insgesamt drei Gesetzesvorlagen. Wie auch schon in früheren Fällen traf die Initiative auf harten Widerstand und war Anlaß vieler hitziger Debatten im Abgeordnetenhaus.

In der Woche, in der der Abgeordnetenausschuß die Vorlage der Abgeordneten Merrill überprüfte, veröffentlichte das *Wall Street Journal* einen Bericht, demzufolge Onkel Sam »Mami«-Subliminals anwendete, um Arbeiter nervlich zu beruhigen. Dem Ausschuß wurden verschiedene Studien vorgelegt, in denen die Wirksamkeit von Subliminals klar nachgewiesen wurde.

Am ersten Tag der Beratungen im Ausschuß verglich Barbara Levy, die die Vereinigung amerikanischer Werbeagenturen vertrat, Subliminals mit dem Rorschach-Test (psychologischer Projektionstest) und behauptete schlichtweg, daß man rein gar nichts finden könne, was von Bedeutung sei. Levy bemerkte: »Subliminale Werbung ist ein Mythos, der von ein paar verwirrten Konsumenten am Leben erhalten wird.«

Terry Jessop, Gründer und Kopf des Nationalen Instituts für Subliminal-Forschung und eigentlicher Initiator des Gesetzentwurfs, sagte: »99 Prozent aller Werbeagenturen handeln in höchstem Maße unethisch... Das Grundproblem ist das Recht auf Privatsphäre. Ein Mensch hat das Recht, über sein Denken frei zu verfügen.«

Die Abgeordnete Merrill führte aus, sie sei besorgt über die Möglichkeit der Gehirnwäsche. Der Wortführer der Gesetzesgegner war Virgil Hayes, Präsident des Rocky-Mountain-Ausschusses für Hypnoseuntersuchung. Er hielt die Gesetzesinitiative für »verschwommen«.

Radio KTKK unter seinem Moderator Jim Kirkwood sendete anläßlich dieser Debatte eine offene zweistündige Livediskussion. Teilnehmer waren außer Jim Kirkwood und mir die Abgeordnete Merrill und die Herren Jessop und Hayes. In diesem Zusammenhang erwähnenswert ist meiner Meinung nach, daß Mr. Hayes, der entschiedenste Gegner der Initiative, wie ich nach der Radiodiskussion herausfand, selbst eine Firma hat, die in Geschäften Tonmischer installiert, die mit subliminalen Nachrichten unterlegte Musik ausstrahlen.

Nach der Radiosendung brachte die Abgeordnete Merrill zwei Änderungsvorschläge ein, die noch bestehende Unklarheiten beseitigen sollten.

Vor der Abstimmung fand noch eine letzte Anhörung statt, für die Mind Mint eine schriftliche Zusammenfassung unserer Standpunkte vorlegte, die von einem Sprecher vorgetragen wurde:

»Die Mind Mint ist spezialisiert auf den Vertrieb von Selbsthilfeprodukten und bietet über dreihundert verschiedene Audio- und Videosubliminals an. Wir sind hierzulande der größte Direktverkäufer von Subliminal-Programmen. Jeden Tag erhalten wir Berichte über die Wirkungen, die mit den Programmen erzielt werden, und daher wissen wir – Subliminals wirken. Es wird fortwährend behauptet, das sei nicht wahr und man brauche eine schmutzige Phantasie, um die ›angeblichen Subliminals‹ zu finden. Es wurde auch wiederholt vorgebracht, es gebe keine wissenschaftlichen Beweise. Diese Aussagen sind nicht wahr. Es gibt eine Unmenge Literatur über Subliminals. In einer der wissenschaftlichen Untersuchungen, die von Dr. Hal Becker durchgeführt wurden, einem ehemaligen Professor der Tulaner Universität, setzte man den Testpersonen dreistellige subliminale Zahlenkombinationen vor. Die Wahrscheinlichkeit, die richtige Zalenkombination im anschließenden Multiple-Choice-Verfahren zu bestimmen, lag bei 20 Prozent. In der Subliminal-Gruppe lag die Quote der richtig erratenen Zahlenkombinationen bei 80 Prozent, in der Vergleichsgruppe, die keine Subliminals erhalten hatten, lag sie bei nur 10 Prozent.

Was nun das Argument der schmutzigen Phantasie betrifft, so ist dies eine Frage der Assoziationen. Mit anderen Worten, wenn Sie oder ich ein Subliminal finden, das ein Tabu berührt, zum Beispiel das Wort ›Sex‹, haben wir eine dreckige Phantasie. Wir sollen also so tun, als würden wir das, was wir sehen, gar nicht sehen? Das hört sich doch etwas nach bewußter Unterdrückung an. Und was die Subliminals betrifft, die man in Hardrock-Aufnahmen gefunden hat, so wie ›Raucht Marihuana‹ oder ›Begeht Selbstmord‹, so hat sogar *60 Minutes* Berichte gesendet, die dies dokumentieren.« (*60 Minutes* ist eine amerikanische Fernsehsendung, die umstrittene Themen recherchiert und der Öffentlichkeit präsentiert; Anm. d. Übers.)

»Mitte der fünfziger Jahre gab ein Kinobesitzer aus New Jersey an, er habe seinen Coca-Cola-Umsatz mittels Subliminals um 58 Prozent gesteigert. Die darauf folgende Auseinandersetzung führte in über vierzig Staaten zu Gesetzesvorlagen, von denen aber keine einzige rechtsgültig wurde. Es waren immer nur drei Argumente bzw. Faktoren, die das verhinderten.

1. Das Argument der ›schmutzigen Phantasie‹.
2. Das ›Es-funktioniert-sowieso-nicht‹-Argument. (Was bei den heute verfügbaren wissenschaftlichen Materialien doch erstaunlich ist! Außerdem, warum soviel Widerstand, wenn es sowieso nicht funktioniert?)
3. Schließlich die verschwommene, vage, ungenaue Definition des Begriffs ›subliminale Kommunikation‹. Es sind nun 28 Jahre vergangen, und wir haben immer noch keine genaue Definition für das, was die Abgeordnete Merrill hier mit ihrer Gesetzesinitiative in den Griff kriegen will. Irgend jemand muß es aber schließlich einmal definieren.

Es gibt ein paar Gesetzesentwürfe, die genauestens diskutiert und dem Plenum vorgelegt werden müssen. Dieser Entwurf gehört dazu. Es gibt keine Technik, die mehr Orwellsches Potential in sich birgt als die der subliminalen Kommunikation, und wir sind verpflichtet, genauestens darüber im Bilde zu sein, wann und wo welche Mittel unterschwelliger Manipulation eingesetzt werden.

Es gibt keine Rechtsmittel gegen eine wie auch immer geartete vorsätzliche Ausbeutung, einschließlich des vorsätzlichen Mißbrauchs subliminaler Kommunikation. Aus diesem Grund befürworten wir die H. B. 106 und 107. Danke.«

Das Komitee billigte mit knapper Mehrheit eine Abstimmung im Plenum, in der die Gesetzesentwürfe dann aber scheiterten. So gibt es also bis auf den heutigen Tag keinen gesetzlichen Schutz gegen eine Verletzung der Privatsphäre durch subliminale Beeinflussung.

5. Informationsverarbeitung

An dieser Stelle ist es sicher hilfreich, etwas genauer darauf einzugehen, wie Informationen verarbeitet werden.

Dixon schlägt ein Modell vor, das die Beziehungen, die zwischen dem Bewußtsein und der Fähigkeit des Gehirns zur Informationsverarbeitung bestehen, außer acht läßt (Dixon, 1981). Ich beziehe mich, im Gegensatz zu Dixons linearem Modell, auf »Ganzheiten« als Informationseinheiten. Im wesentlichen folgt mein Modell dem holographischen Paradigma von Bohm und Pribram.

Sensorischer Input ist weder linear noch in irgendeiner Art und Weise stärker richtungsgebunden als die Speicherung der Information im Gehirn. Darüber hinaus ist er vieldimensional, »holographisch« und vernetzt. So wie ein Teil eines Hologramms das Gesamtbild in sich trägt und nur im Detail kleine Abweichungen aufweist, so schließt ein »Stück« Information andere aus, während es gleichzeitig wieder andere impliziert. Die Information »überwältigt« uns so vollständig, daß nur einige wichtige, meist angenehme Reize das Bewußtsein erreichen. Im weitesten Sinne läßt sich das Bewußtsein mit dem Spiegel zwischen dem Objekt und der holographischen Platte vergleichen, die das vom Objekt (Erfahrung, Wahrnehmung, Gegenstand) ausgehende Licht (Fokussierung, Aufmerksamkeit) auf das photographische Medium (Gehirn) reflektiert, auf welchem das ganze Objekt dimensional aufgezeichnet wird. Bei diesem Modell repräsentiert das Objekt die Außenwelt, die holographische Platte ist das, was wir als Denken bezeichnen (alle Stufen einzeln betrachtet, sofern sie unabhängig von der Gesamtheit des Bewußtseins betrachtet werden können), und der Lichtstrahl stellt den Ausdruck des Lebens dar, das sich selbst als individualisiertes Bewußtsein erfährt.

Zunächst ein Diagramm, das eine Holographie darstellt (siehe Seite 68/69):

Impulse oder Stimuli, die entweder bewußt oder unbewußt wahrgenommen werden, werden von den Sinnen ins Gehirn weitergeleitet. Dort überlagert und vermischt sich die Gesamtheit der Stimuli, die sich in den Gehirnzellen überschneiden. Die Summe aller Überschneidungsmuster, über das ganze Gehirn verteilt gespeichert, ist unser eigenes organisches Hologramm.

Abwehrmechanismen der Wahrnehmung

Bei einem Versuch, den Insassen des Utaher Staatsgefängnisses die Mechanismen zu erläutern, die hinter Subliminals stehen, ließ ich eine Werbung für ein Abonnement des Magazins *Playboy* herumgehen, die in der Publikation *Subliminal Seduction* (Subliminale Verführung) gestaltet worden war. Die Werbung zeigt eine schöne nackte Frau mit einem Adventskranz. In der Mitte des Kranzes steht: »Geben Sie ihm Ideen

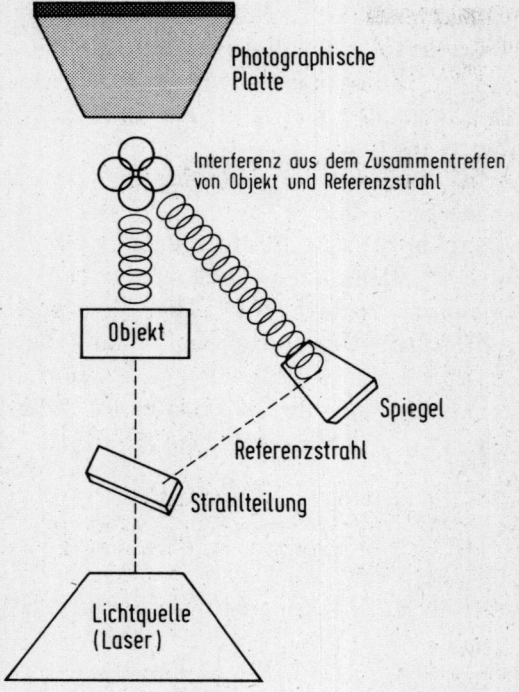

Ein Beispiel für ein Hologramm als ein Modell der Informationsverarbeitung:

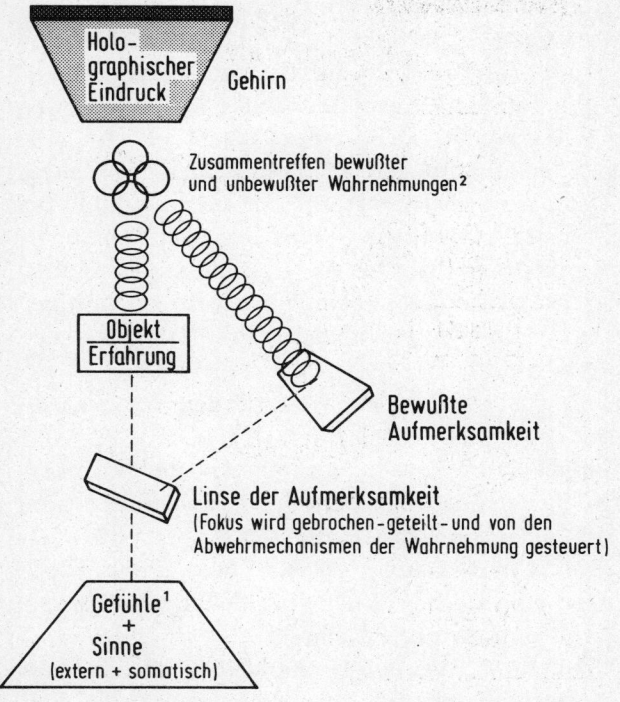

[1] enthält Emotion als mechan. Sinn

[2] Jahre nach einem Experiment kann ein Klang, Geruch, eine Teilinformation, die nicht bewußt wahrgenommen wurde, eine Erinnerung an ein bewußt registriertes Erlebnis auslösen

für Weihnachten.« Der Kranz sieht aus, als bestünde er aus Walnüssen, die sich jedoch bei genauerem Hinsehen als Penisse und Vaginen entpuppen. Die Gefangenen, genau wie die Leser des *Playboy,* in dem diese Anzeige ursprünglich erschienen war, waren sich der darin enthaltenen unterschwelligen sexuellen Kommunikation nicht bewußt, auch nicht, als sie gebeten wurden, nach derartigen Inhalten zu suchen.

Es gibt vermutlich zwei Gründe für die Verwendung solcher Werbemethoden. Der offensichtlichere Grund ist, daß der subliminale Gehalt einer solchen Werbung die Zeitspanne verlängert, die der Leser auf das Betrachten der Anzeige verwendet. Der zweite Grund ist ein wenig komplizierter und hat genaugenommen zwei Aspekte: Einmal werden der Wiedererkennungswert und damit die Produktidentifikation gesteigert, und zum zweiten wird eine gewisse unbewußte Erregtheit auf subliminalem Weg mit dem Produkt gekoppelt.

So sind also die Abwehrmechanismen der Wahrnehmung, die von der Verdrängung bis zur Sublimierung reichen, nichts anderes als eine Art Filter, der uns vor Wahrnehmungsschäden schützt. An dieser Stelle halte ich eine Übersicht der grundlegenden Abwehrmechanismen für angebracht.

Verleugnung. Wie der Name schon sagt, arbeitet dieser Mechanismus mit dem Mechanismus des Verleugnens, was meist durch das Projizieren von Fehlern oder Vorwürfen auf andere geschieht.

Phantasieformierung. Dieser Mechanismus läßt die Realität aus der Phantasie entstehen. Wenn gewisse Bedürfnisse in der objektiven realen Welt nicht befriedigt werden können, ist es möglich, Realität zu »phantasieren« und diese als objektiv wahrzunehmen. Einige Psychologen meinen, daß die Anziehungskraft unserer Unterhaltungsbranche aus der Tatsache resultiert, daß hier Abenteuerphantasien oder solche, die auf Zuneigung und Sicherheit abzielen, in einer Weise befriedigt werden, wie es derart lebendig anders vielleicht gar nicht möglich ist.

Introjektion. Dieser Mechanismus gibt einem die Möglichkeit, sich selbst jede Schuld zuzuschreiben. Solche Selbstanklagen oder Bestrafungen schützen davor, von anderen enttäuscht oder desillusioniert zu werden. Ein Kind fühlt sich zum Beispiel deshalb unwürdig, von seinen Eltern beachtet zu werden, weil die Eltern es nie beachten.

Isolation. Dieser Mechanismus vermeidet die Verknüpfung von Assoziationen mit verwandten Vorstellungen, die Ängste verursachen könnten. Eine Informationseinheit wird von einer anderen isoliert: Geburt vom Tod, Krieg von Trauer, Atomwaffenarsenale von mörderischem Horror und so weiter.

Projektion. Sie erlaubt es einem ganz einfach, Schuld oder Verantwortung auf andere zu projizieren.

Regression. Sie kommt oft in Fällen schwerer Krankheiten vor. Man entwickelt sich zu einer früheren Altersstufe zurück, normalerweise zu einer solchen, auf der man real abhängig war und sich sicher und geborgen fühlte; auf der jemand anders die Verantwortung trug und noch wenige, einfachere Ziele existieren.

Repression (Hemmung). Im allgemeinen zensiert oder verhindert dieser Mechanismus Erinnerungen, Assoziationen und Anpassungen der bewußten Wahrnehmung. Wie ein unsichtbarer Filter hindert er das

Unterbewußtsein daran, schmerzhafte Erinnerungen oder hinderliche Motive zu »sehen«. Persönliche Erfahrungen, von Schamgefühlen bis hin zu Grausamkeiten, sind oft Gegenstände des Repressionsmechanismus.

Sublimierung. Sie funktioniert, indem grundlegende Triebmechanismen umgeleitet werden. Das heißt, wir haben es hier mit einer Form der Befriedigung triebhafter Bedürfnisse über Ersatzhandlungen zu tun, die nicht auf natürliche, einfachere Weise abreagiert werden können. Aggressionen zum Beispiel werden oft durch sportliche Aktivitäten kanalisiert. Der Prozeß der Sublimierung ist nichts anderes als das Finden von Wegen, auf denen die Grundbedürfnisse in einer Art befriedigt werden können, die für die Gesellschaft und das Individuum akzeptabel ist. Die Sublimierung dessen, was als Ödipuskomplex bekannt ist, war Anlaß für eine Vielzahl wissenschaftlicher Publikationen über subliminale Kommunikation und steht darüber hinaus auch hinter dem Erfolg der sogenannten symbiotischen Nachricht, auf die wir später noch zu sprechen kommen werden.

Alle genannten Abwehrmechanismen (es gibt daneben noch weitere, abgeleitete) haben nur einen Zweck – nämlich uns nur das von uns selbst und unserer Umwelt zu zeigen, was wir sehen wollen. Es kann auch sein, daß mehrere Mechanismen gleichzeitig arbeiten, was es dann, bedingt durch Überschneidungen, schwierig macht, zwischen den einzelnen Mechanismen zu unterscheiden.

Wiederholte Experimente haben gezeigt, daß das bewußte Denken nicht unbedingt am Prozeß der Informationsverarbeitung teilhaben muß. In Wirklichkeit kann das Unterbewußtsein ohne Bewußtsein operieren oder zumindest unabhängig davon. Freud sagte einmal: »Die größten gedanklichen Leistungen sind ohne das Bewußtsein möglich.« Er behauptete außerdem, daß der bewußte Wille und die Willenskraft lediglich die bewußten geistigen Prozesse beherrschen und daß sämtliche Zwänge im Unterbewußtsein wurzeln.

Wenn es um prä-bewußte Prädispositionen geht, glaubt Benjamin Libet von der Kalifornischen Universität, daß eine bewußte Absicht nur Aktionen fördert oder behindert, die in einem prä-bewußten Vorgang bereits initiiert worden sind. In der Tat hat, einem Bericht über Libets Arbeit im *Brain-Mind Bulletin* nach, ein Vergleich von EEG-Mustern und geäußerten bewußten Absichten gezeigt, daß, 350 Millisekunden bevor man sich beispielsweise bewegen will, eine deutliche Aktivität der Gehirnwellenmuster festzustellen ist. Libet interpretiert diesen Ablauf dahingehend, daß man sich aussuchen könne, ob man reagiert oder nicht; man könne sich jedoch nicht aussuchen, worauf man reagiert.

Erwähnenswert ist in diesem Zusammenhang, daß Forscher eine erhöhte Gehirnwellenaktivität bei Personen fanden, die Musik mit darin eingebetteten Subliminals hörten. Ohne bewußte Wahrnehmung schien das Gehirn auf unbewußte Reize zu reagieren und sie zu verarbeiten. Diese erhöhte Hirnaktivität ließ sich nicht bei Personen feststellen, die dieselbe Musik ohne die versteckten Nachrichten hörten.

Dr. Poetzle wird eine der ersten wissenschaftlichen Entdeckungen auf dem Gebiet subliminaler Kommunikation zugeschrieben. Poetzle, der sich mit Trauminhalten beschäftigte, fand heraus, daß Dinge, die bewußt wahrgenommen werden, nicht in Träumen erscheinen. Informationen und Reize, die in Träumen wiedererscheinen, gehen auf Stimuli zurück, die im Wachzustand unbewußt wahrgenommen werden. Daraus schloß Poetzle, daß Trauminhalte in erster Linie auf subliminal wahrgenommenem Material gründen. Außerdem wies er nach, daß eine bewußte Assoziation eine subliminale Wahrnehmung auslösen kann, selbst Jahre nachdem diese Wahrnehmung stattgefunden hat.

Eigentlich ist die Verwendung eines Audrucks wie »subliminale Wahrnehmung« unangebracht, da sich die Begriffe gegenseitig ausschließen. In diesem Zusammenhang jedoch umfaßt der Begriff »Wahrnehmung« jede Art der Wahrnehmung – bewußt und unbewußt. Die Forschung zeigt ganz klar, daß Reizinformation verarbeitet wird, die zwar aufgenommen, aber nicht bewußt wahrgenommen wird. Unter diesem Gesichtspunkt ist eine Erweiterung des Begriffs »Wahrnehmung« angebracht, und er sollte in diesem – erweiterten – Sinn verstanden werden. Genau betrachtet handelt es sich aber dabei eher um eine »Registrierung« des Reizes im Unterbewußtsein als um eine Wahrnehmung.

Von Psychologen und Neurologen gesammelte Daten unterstützen die These, daß jeder sensorische Input auf zumindest zwei Arten bzw. auf zwei Stufen der Wahrnehmung empfangen wird – auf der bewußten und auf der unbewußten. Und mehr als ein großer Denker ist der Meinung, daß kein tiefer Glaube auf der Basis bewußt wahrgenommener Daten entsteht.

Von Poetzles Werk zu Anfang des Jahrhunderts bis

heute ist die subliminale Kommunikation wieder und wieder untersucht worden, mit meist schlüssigen Resultaten. Nach diesen Forschungen können menschliche Aktivitäten von subliminal wahrgenommenem Material in mindestens acht Bereichen beeinflußt werden: bewußte Wahrnehmung, Träume, Triebe, Emotionen, Gedächtnis, Abwehrmechanismen der Wahrnehmung, Wertnorm-Ankerpunkte (auf die später noch genauer eingegangen wird) und Verbalisierung.

Es ist nicht meine Absicht, hier psychologische Funktionen oder das Wesen des Bewußtseins an sich zu behandeln. Mir geht es darum, eine klare vereinfachte Beschreibung dessen zu geben, wie subliminale Kommunikation funktioniert. Trotz der »Missourischen Mentalität« (Missourische Mentalität = jemand glaubt nichts, bevor er es nicht gesehen, gehört oder gefühlt hat) des »Zeig's mir erst mal« trägt der Kaiser eben doch Kleider. Subliminale Kommunikation ist wirklich!

In ungezählten Talkshows im Radio bin ich oft gefragt worden: »Glauben Sie dieses Zeug wirklich?« Die Antwort ist: ganz und gar! Die Mechanismen geistiger Aktivität sind Gegenstand von Theorien und Kontroversen, und das trifft natürlich auch auf das Wesen des Bewußtseins zu. Ich erinnere mich in diesem Zusammenhang an eine Beobachtung von Theodor Reik über das Wesen der Aufmerksamkeit, eines der vielen Bewußtseinszustände. Ist sie eine Aktivität, ein Zustand oder die Pseudokonzeption einer Nicht-Existenz?

Zur Zeit wird in den verschiedenen Bereichen der Verhaltensforschung und an ihren Schnittstellen mit anderen Forschungsbereichen viel getan, damit wir besser verstehen lernen, wie unsichtbare, unhörbare und unbewußte Einflüsse wahrgenommen und in das Bewußtsein integriert werden. Die Frage ist nicht mehr, ob es subliminale Kommunikation gibt, sondern, wie sie funktioniert. Genau wie bei der Erdanziehungskraft, der Elektrizität oder dem Bewußtsein selbst sind unsere Erklärungen aber bestenfalls Beobachtungspunkte, die jedoch als Theorien über eine unsichtbare Realität interpretiert werden.

Grenzen der Bewußtheit

Es wird oft gesagt, daß die subjektive Wahrnehmung bzw. die Begrenzung der Wahrnehmungsinhalte eine Funktion des Bewußtseins ist. Durch diese Begrenzung entsteht die Möglichkeit zur Etablierung von Prioritäten, die ja die Grundlage animalischen Verhaltens sind.

Die Idee der begrenzten Wahrnehmung impliziert mindestens vier grundlegende Aussagen:

1. Wir verarbeiten weitaus mehr Information, als uns bewußt wird.
2. Die Kapazität zur Informationsverarbeitung überschreitet bei weitem die unseres Wahrnehmungsvermögens.
3. An einem gewissen Punkt wird »unbewußte Information« plötzlich bewußt.
4. »Unbewußte« oder subliminale Informationen werden unbewußt verarbeitet und können großen

Einfluß auf Lernvorgänge sowie auf die emotionale und physische Gesundheit haben.

Wir wissen heute, daß eine Anästhesie-Blockade des retikulären Aktivierungssystems eine Reaktion auf externe Stimuli nicht unterbinden kann. Das Bewußtsein oder die Wahrnehmung werden zwar blockiert, und doch findet eine Reizwahrnehmung statt.

Ich halte die PET-Scan-Methode (Positron-Emissions-Tomographie) für die definitiv objektivste Methode zur Messung subliminaler Wahrnehmungsprozesse. Zur Zeit der Fertigstellung dieses Buches werden bereits die ersten Vorbereitungen für Doppelblindstudien getroffen, die sich dieser Methode bedienen, um Aussagen darüber zu erhalten, welche Darbietungsmodalitäten subliminaler Stimuli am effektivsten sind.

Theoretische Modelle unterschwelliger Wahrnehmung

Die traditionelle Psychologie gibt uns verschiedene Erklärungsmodelle für die unterschwellige Wahrnehmung (man kann behaupten, daß sie die subliminale Wahrnehmung umfassen). Drei dieser Modelle, die Teilbereiche der psychoanalytischen Kognitionstheorie sind, werden von Wolman dargelegt:

> »Das erste ist das ›Tagesrest-Modell‹. Eine Art von Tagesrest ist der zeitlich neue, indifferente, kaum bemerkte, unverarbeitete Eindruck. Ge-

mäß der psychoanalytischen Theorie kehrt genau dieses Material in Träumen wieder, und zwar genau wegen seiner offensichtlichen psychischen Belanglosigkeit; es hallt wider von unbewußten, infantilen Wünschen und taucht infolge der Notwendigkeit einer Zensur und infolge des Wesens unbewußten Denkens in den Träumen als ein Derivat der kognitiven Darstellung des Triebes auf. Das Poetzle-Experiment und seine Varianten basieren auf diesem Modell, weichen jedoch verschiedentlich davon ab (zum Beispiel Pine, 1960).

Das zweite Modell ist Freuds Ansicht über das vorbewußte Denken, von dem er sagt, daß es dazu tendiert, sich über ein Netzwerk von Assoziationen auszubreiten, das weiter ist als beim bewußten Denken. Das vorbewußte Denken kann durch unbewußte Motive und Einstellungen (Leitbilder) ausgerichtet werden. Die Studien von Spence und anderen gehen von diesem Modell aus. Der unterbewußte Reiz gibt dem vorbewußten Gedankenstrom die Richtung, besonders wenn zusätzlicher Antrieb aus unterbewußten oder bewußten Motiven dazukommt.

Das dritte Modell, welches hauptsächlich in Silvermans Werk (1967) deutlich wird, ist Freuds Vorstellung vom unbewußten Motivationskonflikt und dessen Abwehr. Dieses Modell nimmt an, daß ein subliminaler Input den Aktivierungslevel unbewußt vorhandener Motive erhöht und deshalb analog zu einer internen Intensitätssteigerung unbewußter Motive betrachtet werden kann« (1973).

Wolman fährt fort:

>»Eine Kombination aller drei Modelle ist das Konzept der ›Schemenaktivierung‹, das 1960 von Klein und Holt vorgestellt wurde. Sie nehmen an, daß Erinnerungsschemata durch Vorstellungen, durch relevante, eintreffende Stimuli und durch Triebe aktiviert werden. Unter den entsprechenden Bedingungen ist es sehr wahrscheinlich, daß ein nebensächlicher Input triebbezogene Vorstellungen aktiviert und somit Auswirkungen hat. Diese Begrifflichkeit wurde von Klein weiter ausgearbeitet (1956, 1970), und zwar im Hinblick auf ein Modell der Motivation in der Wahrnehmung, das die Wechselwirkung von ausführenden und nebeneinander bestehenden aktiven peripheren Motiven bezüglich ihres Zugangs zur Wahrnehmung betont, und zwar als entscheidender Faktor dafür, was innerhalb der Wahrnehmung als wichtig bzw. nebensächlich festgelegt wird. Wenn man unterschwellige Reize als eine spezielle Art nebensächlicher oder peripherer Aktivierung ansieht, stellt dieses Modell eine vielversprechende Möglichkeit dar, die Wechselbeziehungen der variablen Größen zu verstehen, die in der Wissenschaft des Unterbewußten bisher erforscht wurden.«

Ich halte die Wahrnehmung für die entscheidende Verhaltensgrundlage und favorisiere eine modifizierte gestaltpsychologische Wahrnehmungstheorie, was impliziert, daß Wahrnehmung immer in *Ganzheiten* geschieht. Aufmerksamkeit ist für die Wahrnehmung nicht unbedingt erforderlich, und Gefühle sind Anhäufungen von Informationen, die, folgt man der Definition des Wortes *Aufmerksamkeit,* weitgehend unbemerkt am Bewußtsein vorbeigehen.

Ungeachtet aller Wahrnehmungstheorien meine ich, daß Speicherung und Wahrnehmung per se unabhängig sind; ohne eine unbewußte Wahrnehmung oder eine unterbewußte Lerndynamik hat die Psychologie *keine* Basis. Triebe, Motive und so weiter können nicht ausschließlich einer bewußten Wahrnehmung entspringen. Das Unterbewußtsein muß mehr sein als ein Speicher für die direkten (kognitiven) Erfahrungen und/oder die indirekte Anhäufung aller Interpretationen des Bewußtseins. Sei es, wie es ist (oder wie es nicht ist, wenn Ihnen das lieber ist), auch Wolman stellt fest:

»Im Gegensatz zur allgemeinen Meinung beantwortet eine Theorie nicht notwendigerweise alle Fragen, die es auf einem Gebiet gibt, sondern eröffnet meist neue Probleme und neue Wege der Forschung« (1973).

6. Wie wir lernen

> *Dem höchsten Grad unseres Schaffens wird wahrscheinlich mehr durch Behinderung als durch Erregung gedient.*
> CARL LAUPRECHT

Um komplexe Synergismen besser verständlich zu machen, können Anschauungsmodelle von großem Nutzen sein. Das Lernen und die Verwendung des Gelernten beispielsweise sind solch ein komplexes Wechselspiel verschiedenster Elemente, in die synergistische Ganzheit mündet, die man als Individuum bezeichnet.

Die Wissenschaft liefert Theorien und Daten, die letztlich Durchschnittsgrößen, ermittelt aus der Gesamtheit aller Beobachtungen und Analysen, darstellen, und überträgt diese dann auf die Einzelperson. Nun gibt es aber keine zwei völlig identischen Menschen, und kein Individuum repräsentiert genau den Durchschnitt. Genau wie Theorien auf generellen Annahmen basieren, die in Wirklichkeit auf kein einziges Individuum exakt zutreffen, so verallgemeinern Anschauungsmodelle die Realität (wobei das Modell zudem völlig eigenständig ist und nicht unbedingt gültige Aussagen über die Realität machen muß). Ein enger Freund von mir, Professor William Guillory (ehemaliger Vorsitzender der Chemischen Fakultät der University of Utah), stellt fest, daß selbst die Modelle der »harten Wissenschaft« selbstdefinierend seien und somit nicht unbedingt Gültiges über die Realität zu sagen vermögen. Das heißt nicht, daß Modelle nicht hilfreich sein oder daß daraus nicht spezifische Maßnahmen für ein Individuum oder eine Bevölkerung abgeleitet werden können. Solch eine Schlußfolgerung wäre natürlich absurd!

Soviel über Modelle im allgemeinen. Ich will nun anhand von einigen Beispielen erläutern, warum die Subliminaltechnik so effektiv ist. Bevor ich beginne, möchte ich jedoch noch etwas vorausschicken. Viele Wissenschaftler behaupten, daß es drei Arten menschlichen Lernens gibt:

- Versuch und Irrtum
- Auswendiglernen
- Konditionierung

Ich selbst gehe davon aus, daß alles Lernen im wesentlichen Konditionierung ist. Versuch und Irrtum nutzen sichtbare Feedbacksysteme, sowohl psychischer als auch physischer Art. Bei einem so grundlegenden Lernprozeß, wie beispielsweise dem Laufenlernen, werden durch den Schmerz beim Hinfallen und die fortwährende emotionale Unterstützung der Eltern bestimmte Verhaltensmuster geprägt. Beim Auswendiglernen ist die Reizintensität während des Lernvorganges direkt proportional zum späteren Erinnerungsvermögen. Je stärker der Reiz, desto vorteilhafter für den Lernerfolg. Dies gilt zumindest bis zum Punkt der Überreizung, über den hinaus das Lernvermögen drastisch reduziert wird. Auch hier wieder dasselbe Schema: Reaktion auf Reize ist Konditionierung.

Dr. John Kappas hat ein Modell des Lernens und der Vernunft erstellt, in welchem es heißt, daß man entweder direkt oder durch Schlußfolgern lernt. Jeder Mensch lernt ausschließlich auf eine dieser beiden Arten. In den meisten Fällen prägt unsere primäre Bezugsperson (Mutter) unsere Beeinflußbarkeit und unsere Art zu lernen, und unsere sekundäre Bezugsperson (Vater) ist verantwortlich für unsere »Sexualität«, das heißt die Art, wie wir das Gelernte anwenden (gefühlsmäßig und psychisch).

In der Tat liegt hier die Basis für Akzeptanz, Ablehnung oder Interpretation der verschiedensten Informationseinheiten, die wir im Laufe des Lebens empfangen (Kappas, 1987).

Mit der Vorstellung dieses Modells wollen wir den Biocomputer analogisch untersuchen und versuchen, dies auf unser Modell zu übertragen. Jede Informationseinheit, die man im Lauf des Lebens empfängt, prägt das Denken. Dieser Prozeß findet größtenteils ohne Wertung statt, außer daß die Information durch Interpretation gefiltert wird, wobei die Interpretationsmuster direkt auf unsere erste und zweite Bezugsperson und unser soziales Umfeld zurückzuführen sind. Zusammen mit unseren generellen Begabungen stellt dies die Grundlage für unsere Werturteile und das Bild dar, das wir uns von der Realität machen, sobald es um die Aufnahme neuer Ideen oder das Umsetzen von Veränderungen im allgemeinen geht.

Mit großer Wahrscheinlichkeit haben wir alle im

Laufe unseres Heranwachsens mehr negativen als positiven Input erhalten. Unsere Gesellschaft kennt keine »Übergangsriten«, durch die wir die Möglichkeit hätten, all das loszuwerden, was ich als den »Tudas-nicht-Müll« bezeichnen möchte. Folglich wird dieser Müll, wenn wir erwachsen sind, zu unserem Anker, und unsere Fähigkeit, über die Meere des Lebens zu fahren, wird auf unsere eigenen seichten und sicheren Gewässer begrenzt bleiben. Meist sind diese »sicheren« Gewässer unsere eigenen Grenzen oder selbstauferlegten Einschränkungen. Und diese verhindern viele neue Erfahrungen. Wir erwarten nicht Wohlstand und Erfolg, es sei denn, wir wurden hineingeboren. Der Grund dafür ist, daß in den Gewässern, in denen wir ankern, diese Schätze einfach nicht zu finden sind.

Diese Programmierung bedeutet, daß unser Verhalten durch das Vorbewußtsein prädisponiert ist, und sie äußert sich in mangelndem Vertrauen, Versagensängsten, Verinnerlichung von Streß, körperlichen Gebrechen, im »Vernünftigsein« und anderem. In den meisten, wenn nicht sogar in allen Fällen geschieht diese Konditionierung, insofern Lernen und Verhalten betroffen sind, auf primitivste Weise. Hier wirkt der alte Angriff-Flucht-Mechanismus unserer Vorfahren – die eigentliche, tief eingeprägte Ursache unseres selbstbeschränkenden Verhaltens.

In der folgenden Zeichnung (siehe Seite 85) stellt der Kreis die Gesamtheit des Denk- und Bewußtseinsprozesses dar, und man erkennt, daß in der untersten Schicht des Unterbewußtseins der Angriff-Flucht-Mechanismus existiert. Positiver und negativer Input werden mit Plus- bzw. Minuszeichen symbolisiert. Wie man sieht, wird der Angriff-Flucht-Mechanismus im modernen Menschen durch Wut und Depression ersetzt. Das System mit den Doppelpfeilen verdeutlicht die Reizsituation in der Außenwelt – es gibt sowohl reale als auch synthetische Reize. Um dies zu erläutern, ein Beispiel: Wenn man von einem hungrigen Tiger verfolgt wird, ist das ein außerordentlich realer Reiz, während bei einem synthetischen Reiz keine direkte Gefahr besteht. Das Gehirn jedoch reagiert sowohl auf reale wie auf synthetische Reize, je nach der emotionalen Wirkintensität des jeweiligen Reizes.

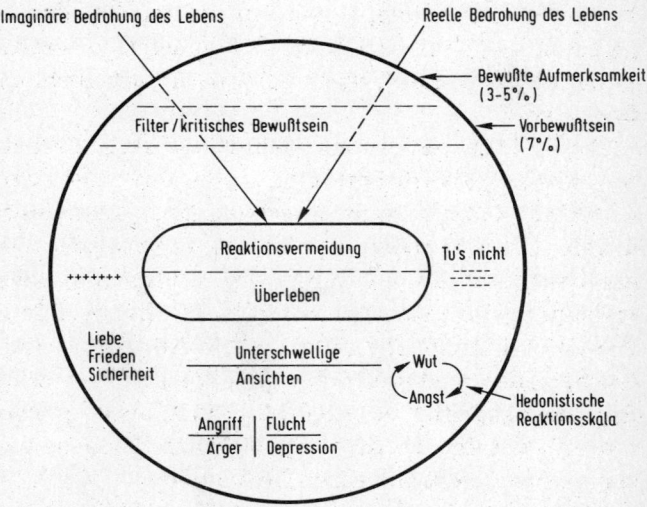

Da die wenigsten von uns jemals einer lebensbedrohenden Situation ausgesetzt waren, gehe ich davon aus, daß fast alle Reize, die eine selbstbeschränkende Konditionierung auslösen, synthetischer Natur sind.

Des weiteren führe ich diese Stimuli auf die angeborene Angst vor Isolation zurück, gehe also davon aus, daß die Ablehnung von außen bzw. die Angst, abgelehnt zu werden, fast alle unsere Reaktionen prägt.

Sowohl unsere Aktionen als auch unsere Reaktionen basieren auf unserem Bild der »anderen« und auf unserem tiefen Bedürfnis nach Anerkennung und Verständnis. Deshalb kann man sagen, daß Verhalten nichts anderes ist als Konditionierung. In den meisten Fällen ist eine freie Wahl des Handelns eine Illusion, da unser Konditionierungsprozeß eine solche Entscheidungsfreiheit kaum zuläßt.

Die Angst, abgelehnt zu werden, steht im Wege. Sein Leben damit zu verbringen, um Anerkennung zu ringen, ist ein Akt der Selbstentfremdung. Robert Laing sagt in seiner »Politik der Erfahrungen«, daß die Menschheit sich selbst dazu erzogen hat, absurd und somit normal zu werden.

Genie wurde einmal als die Fähigkeit definiert, dieselben Dinge zu sehen, die andere auch sehen, nur eben anders. Aber Genie bedeutet gleichzeitig, alles aufzugeben, um vielleicht nichts dafür zu bekommen. Einstein mußte erst die ganze Newtonsche Physik und all sein persönliches Interesse daran aufgeben, um zu entdecken, daß der Raum gekrümmt ist und Gesetzmäßigkeiten der Relativität gehorcht.

Professor William Guillory und ich haben viele Vorlesungen über das Risiko Kreativität und über ihre subliminalen Aspekte gehalten. Ein Subliminal-Programm (Audiokassette) tut im Grunde genommen nichts anderes, als eine Art »Kurs« für das nichtbewußte Denken abzuhalten. Eines Tages dann fordert dies unterschwellige Denken (unterbewußt, vorbewußt, unbewußt) das Bewußtsein mit neuen Ideen, Erkenntnissen und Entdeckungen heraus (eine in höchstem Maße integrierte Reflexion einer viel höheren Form von Bewußtheit). Kommt es zu dieser Herausforderung, wird plötzlich das Risiko klar. Um etwas (oder jemand) anderes zu werden – sagen wir eine sich selbst befähigende Person –, müssen wir das aufgeben, was wir sind. Diejenigen, die sich selbst befähigen, sind die wirklich Selbstverantwortlichen. Eines Tages werden wir erkennen, daß nichts und niemand außer wir selbst dafür verantwortlich ist, was wir sind. Wir selbst treffen alle Entscheidungen; wir haben den Entschluß gefaßt, mit äußeren Stimuli fertig zu werden, indem wir unser Verhalten entsprechend ausrichten. Unser Verhalten ist lediglich eine Manifestation unserer inneren Vorstellungen. Unsere Vorstellungen wiederum basieren auf unserer Erfahrung. Unsere Erfahrung ist eingeengt durch das Bedürfnis nach Anerkennung. Und Anerkennung heißt in den meisten Fällen, daß wir uns, im negativen Sinn, selbst aufgeben, um den Wünschen der anderen gerecht zu werden. Unsere Gesellschaftsstruktur kultiviert somit die sozial anerkannten Spiele, und jeder Mitspieler wählt diejenige Form angepaßten Verhaltens, die das geringste Risiko birgt. Ein Kreislauf dieser Art ist selbsterhaltend.

In meiner Arbeit mit Häftlingen habe ich viele Gründe für die soziale Entfremdung gehört (Projektion, Rationalisierung), die letztendlich zu den Gefängnisstrafen geführt haben. »Meine Mutter war eine Prostituierte«, »Mein Vater war Alkoholiker«, »Der Nachbarssohn hat mich zum Heroin verführt, als ich noch jung war« sind einige der Behauptungen, mit denen man die Verantwortung für kriminelles und unverantwortliches Verhalten loswerden will.

Wir haben alle das Bestreben, anerkannt zu werden, und wir verfügen über einen primitiven Mechanismus, der die Spezies vor Selbstzerstörung bewahrt. Das zu wissen ist wesentlich für die Entschlüsselung der »Opferrolle« eines Kriminellen. Der Kriminelle bewahrt sich sein Selbstbild, indem er sich zum Opfer macht. Denn im Grunde ist er ein guter Mensch, der gegen die Gesellschaft und sich selbst in einer Art verstoßen hat, die sich rechtfertigen läßt und das geringste Maß an Risiko beinhaltet. (Wahrer Selbsthaß würde zu Selbstmord oder anderen selbstzerstörerischen Handlungen führen, was nicht das Thema dieses Buches ist.) Es war wohl einfacher, mit »ihnen« (den Gleichgesinnten) mitzumachen, als zu widerstehen, oder – wie es bei ganz kriminellen Lebensumständen der Fall ist – die Betroffenen hielten das gewählte Verhalten für vielversprechender als andere Alternativen oder stellen es als eine Art Abhängigkeit durch gegenseitig bedingte Lernprozesse dar.

Unterschiede und Ähnlichkeiten

M. Scott Peck entwickelt in seinem Buch »Menschen der Lüge« ein Modell, nach dem die Besten unter uns per definitionem zu Kriminellen werden und dabei unentdeckt bleiben. Nach außen hin verhalten sich diese Menschen der Lüge tadellos und sogar lobenswert, doch sonst sind sie grausam zu sich selbst, zu ihren Bekannten und zu denen, die sie lieben. Sie tun dies mit

Haß, Wut, Rachsucht, Spott und all den hinderlichen Verhaltensweisen, die das genaue Gegenteil von bedingungsloser Liebe sind, und sie tun es in dem Glauben, daß dieses Verhalten normal sei und der Natur des menschlichen Wesens entspreche. Jeder Gedanke und jede Tat, die uns von Liebe und Akzeptanz wegführen, sind destruktiv für das menschliche Potential. Jeder Akt der Wut ist ein Akt, der uns vom inneren Reich der Selbstverantwortung entfernt. Uns fehlt die Fähigkeit, uns selbst zu beflügeln im selben Maß, in dem wir gegen uns selbst handeln (und damit dieses Prinzip betrügen).

Es gibt, wie bereits erwähnt, mindestens zwei Arten, gebunden zu sein: an jemand anderen gebunden sein und an etwas festhalten wie an einem Stück Schnur, das man an eine Türklinke gebunden hat. Solange man die Schnur nicht losläßt, kann man nie weiter kommen, als es ihre Reichweite zuläßt. Die eigenen Vorstellungen und Ansichten können starke Schnüre

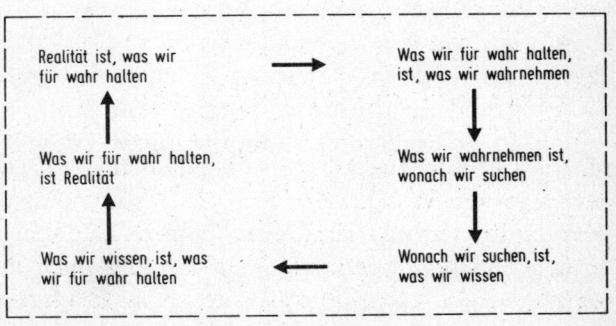

(WILLIAM GUILLORY)

sein, die ein Weiterkommen verhindern. Und die Ironie des Ganzen ist, daß es, wenn man einmal diese Ansichten aus der Perspektive ihres Ursprungs betrachtet, trotz der gewohnten Anstrengungen sehr schwer wird, daran festzuhalten.

Um dieser Kreisbewegung zu entrinnen, müssen wir zuallererst das aufgeben, wovor wir uns am meisten fürchten – oder zumindest den Glauben daran außer Kraft setzen oder in eine Art Schwebezustand bringen. Albert Einstein sagte einmal, daß Vorstellungskraft weitaus wichtiger sei als Wissen. Lernen ist eine dynamische Aktivität, und Kreativität ist die höchste Stufe des Lernens. Außerdem ist Kreativität eine der höchsten Funktionen des Bewußtseins. Das Loslassen begrenzter Wissensaspekte bietet die Möglichkeit des Lernens auf dieser höchsten Stufe. Dynamisches Lernen durch das Verbinden von Aspekten führt zu einer Bewußtheitsstufe, die letztendlich in einem einzigen Gesamtbewußtsein gipfelt (in der Kenntnis jeder Art von Selbst-Bewußtsein), welches sich in einem kontinuierlichen Lernprozeß bewegt.

Ein alter Sufi-Meister sagte einmal, daß der Unterschied zwischen Behälter und seinem Inhalt letztlich alles enthüllt. Das Denken ist ein Spiel, in dem Wahrnehmung und Erfahrung vorbereitet und selektiert werden. In »Wissenschaft, Ordnung und Kreativität« stellt David Bohm fest:

> »Ein weiterer Weg, die subliminale Struktur von Ideen zu verteidigen, ist die übertriebene Herauslösung eines speziellen Problems aus allen anderen Gebieten. Auf diese Art läßt sich das Problem in einem begrenzten Kontext betrachten, und es

entfällt der Zwang, verwandte Konzepte in Frage zu stellen...

Das Problem mit dem Denken ist, daß es oft daran scheitert, in der Wahrnehmung sensibel für die Ähnlichkeiten und die Unterschiede zu sein, und statt dessen eine Art mechanisches Gewohnheitssystem zum Erkennen anwendet« (BOHM AND PEAT, 1987).

Das Verstehen zumindest der Grundstrukturen unserer Art des Lernens, das Verstehen des Grundantriebs hinter der Entscheidung, zu lernen, und den hier involvierten Mechanismen, ist wichtig, wenn wir einige der wissenschaftlichen Erkenntnisse über die subliminale Kommunikation betrachten und dann einen Blick auf ihre Zukunft werfen wollen. So können wir unsere Wahrnehmung für Unterschiede und Ähnlichkeiten »sensibilisieren«, und wir werden erkennen, daß die Unterschiede uns oft etwas über die Ähnlichkeiten sagen.

Hier noch einmal zusammenfassend ein Diagramm, um unseren gemeinsamen Konsens abzusichern, der für unsere Kommunikation notwendig ist:

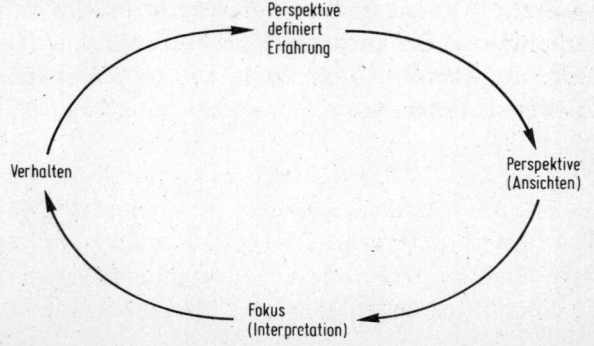

Eine Änderung der Perspektive wird eine generelle Änderung der Erfahrungen herbeiführen. Eine Veränderung vom »normalen« Sein hin zu einer »natürlichen« Art des Seins stellt für den Moment das wahrgenommene Bedürfnis, »normal« und damit akzeptiert zu sein, zur Seite. Das kreative Ergebnis entsteht, weil die Artefakte des Aspektwissens, ganz gleich, wie lange und wie hart wir gearbeitet haben, um sie uns anzueignen, insofern äußerst wichtig sind, als sie uns vor einem Risiko im Lernprozeß schützen.

Ein Aspekt von Wissenschaft ist der, daß sie sich ständig verändert. Jede erreichte Stufe enthüllt neue Bedeutungen, die aus den Unterschieden die Ähnlichkeiten vermitteln, das Ganze aus den Einzelteilen, Synergismus aus der Individuation, das Außen aus dem Innen. Wie Aischylos sagte:

»Das Nichts ist der einzig bedeutende Aspekt des Universums, denn es erlaubt eine völlig ungehemmte Kreativität. Wirkliche Offenheit ist Kreativität. Sie gestattet dem eigenen Selbst, den schöpferischen Funken durch sich hindurchfließen zu lassen, und die Manifestation ist Aufgabe des Talents und der Vorbereitung des physischen Daseins – ganz gleich, in welcher Form. Die Geheimnisse des Universums sind keine Geheimnisse – sie entfalten sich ständig« (zitiert in Guillory, 1988).

7. Die Ablehnungsschleife
(Der Ablehnungskreislauf)

Unwissenheit kommt vor dem Wissen.
Wissen heißt lieben.
In der Unwissenheit gibt es keine Liebe,
dennoch lehrt die Unwissenheit uns die Liebe.
Genauso unwissend, wie wir sind,
genauso weit sind wir davon entfernt, zu sein,
was wir könnten.
Was wir sein könnten, ist, was wir wirklich sind.

ELDON TAYLOR

Der beschränkte Mensch

Die Mehrzahl der modernen Psychologen läßt bei der Betrachtung von Lern- und Verhaltensmodellen ihren meist atheistischen Freudschen Blickwinkel außer acht. So gesehen sind es lediglich die psycho-physischen Eigenschaften, die eine Freudsche Perspektive interpretieren werden. Und jede Deutung wird der Vorstellung angepaßt, nach der der Mensch nichts anderes sein kann als ein limitiertes Wesen. Freud hat, indem er wesentlich zum Verständnis einer Bewußtseinsebene beitrug, die gewöhnlich nicht bewußt zugänglich ist, den Menschen auf seine animalischen Aspekte reduziert und das Ganze durch seine Sicht der

Rolle von Vernunft und Intellekt noch verkompliziert. In »Die Zukunft einer Illusion« sagt er, daß es für einen Menschen lächerlich und neurotisch sei, nach einem anderen Zustand des eigenen Wesens oder nach Selbstverwirklichung zu streben:

> »Wir sagen uns selbst, daß es nett wäre, wenn es da einen Gott gäbe, der die Welt erschaffen hat, und eine Art wohlwollende Vorsehung; wenn es im Universum eine moralische Gesetzmäßigkeit gäbe und ein Leben nach dem Tod; aber es ist doch bemerkenswert, daß all das genauso ist, wie wir es uns zwangsläufig wünschen müssen« (1961).

Für Freud war alles, den »erbärmlichen« Menschen ausgenommen, eine Folge des Bedürfnisses, die Hilflosigkeit – und hier besonders die erinnerte Hilflosigkeit der Kindheit – erträglicher zu gestalten. Freuds eigene Begrenztheit wurde nur durch den Umstand gemildert, daß er sich der tiefen menschlichen Neigungen und Tendenzen bewußt war.

Nun geht es hier jedoch nicht um Gott, sondern vielmehr um Freuds eigene Einstellung dazu und die daraus resultierende Voreingenommenheit seiner Modelle menschlicher Bedingtheit. Für Freud waren Unterschiede rein sachlicher Natur. Der Mensch hat viele Illusionen, die in seinen Trieben und Motiven wurzeln; eine dieser Illusionen (nach Freud) ist die Ansicht, daß er mehr sei als eine Ansammlung von Organen in einer künstlichen Welt (nichts anderes als ein rosarot gefärbtes neurotisches Füllhorn).

Freuds Verhaltensmodell geht von der Schuldhaftigkeit des Menschen aus, als einem natürlichen Prozeß, dem der Mensch nicht entrinnen kann, der darüber hinaus im Menschen selbst initiiert wird. Schuld negiere Verantwortung, und deshalb sei der Mensch nur insofern für sein Verhalten verantwortlich, als er angemessen auf seine elende Lage reagiere. Die angemessene Reaktion ist natürlich die sozial anerkannte, und ein angepaßtes Verhalten ist die normale Funktion der Bewältigung. Bewältigung ihrerseits ist ein ständiger Kompromiß zwischen den eigenen Wünschen und Sehnsüchten, Vorstellungen und Phantasien, Haß und Liebe einerseits und sozialer Anpassung andererseits. So lebt der Mensch zwangsläufig ständig im Konflikt zwischen seinen individuellen und seinen sozialen Bedürfnissen. Die Werte des Individuums gehen vor, wie weltliche Humanisten behaupten würden. Das hieße, daß der Mensch seine Werte als einen Teil seiner primitiven Instinkte ansieht. Sich dafür zu entscheiden, die Rechte eines anderen nicht anzuerkennen, schafft ein Paradebeispiel für angepaßtes Verhalten. Deshalb ringt der Mensch, ob man es will oder nicht, mit dem konflikthaften Gegensatz zwischen seinen primitiven Trieben und Bedürfnissen und seinem Bedürfnis nach sozialer Anpassung, sozial angepaßtem Verhalten. Viele der sogenannten menschlichen Abwehrmechanismen existieren nur, weil man diese Widersprüchlichkeit als zum Menschen gehörig betrachtet.

Dieser gesamte Vorgang wird Sublimation genannt. Aber über die Existenz als bloßen Abwehrmechanismus hinaus muß es Sublimation geben, damit die verbleibenden Abwehrmechanismen nicht nur einen konstruktiven Wert haben. Sublimation ist in der Tat die Situation und, wie es dieses Modell aussagt, gleichzeitig ein gewisser Abwehrmechanismus.

Der Mensch als Opfer

All diese Modelle setzen voraus, daß der Mensch ein Opfer im Universum ist – eine unbeständige Wesenheit, die darum ringt, zu werden, was sie ist und doch nicht sein kann –, ein Opfer also, das gegen seine primitiven Instinkte ankämpft und in einer Art fließendem Szenarium solche Konstrukte wie das Ego schafft und unterdrückt. Viele meinen, daß das alles Unsinn sei – schlicht und ergreifend Mist. Es ist genau wie mit der Newtonschen Physik. Die Modelle sind funktional und somit hilfreich, aber bei weitem nicht ausreichend, die Gesamtheit der menschlichen Lebensumstände und Verhaltensweisen zu erfassen.

Der Mensch ist nur in einer einzigen Hinsicht Opfer – er ist Opfer seiner Ängste. Die Zielgerichtetheit menschlicher Bedürfnisse in ihrer angeborenen Ordnung (bzw. ihrer Zweckhierarchie) realisiert sich über:

1. Die Eigeninteressen. Die Reaktionen dieser ersten Stufe sind in das Rückenmark »eingeflochten«. Jede einzelne Zelle unseres Wesens ist so geschaffen, daß sie sich selbst erhält.

2. Die Interessen der Spezies. Die vier Grundtriebe des Menschen sind in der Regel als Angriffs-, Flucht-, Nahrungs- und Arterhaltungstrieb definiert worden. Die entsprechenden Reaktionen bzw. Funktionen

wurzeln im Hypothalamus (= Teil des Zwischenhirns) und reichen von der Körpertemperatur bis zur Fortpflanzung.

3. Den Intellekt. Wenn in der Natur irgend etwas von Bedeutung ist, dann ist es meist im Überfluß vorhanden. Wie Professor Carl Lauprecht von der Universität San Francisco, Kalifornien, dargelegt hat, sei der Mensch von der Natur mit einer Überkapazität des Cortex (= Hirnrinde; äußere Zellschicht des Gehirns) ausgestattet. Der Cortex sei der kognitive Hemmschuh des Menschen (1987). Der Inhalt dieser dritten Kategorie ist entweder begrifflicher oder kognitiver Natur. Der inhibitorische (hemmende) Prozeß hat seinen Ursprung im Cortex; er hält Signale aus dem retikulären Aktivierungssystem (RAS) an oder umkehrt.

Das RAS hat eine psychophysiologische und eine physiologische Funktion. Es aktiviert sowohl das Zwischenhirn (Thalamus und Hypothalamus) als auch die Hirnrinde. Geringe retikuläre Aktivität bedingt also schwache Verhaltensreaktionen. Umgekehrt ist ein Elektroenzephalogramm (EEG) eine Messung des Inputs des RAS am Cortex. Das RAS ist die primäre Erregungsquelle (»Gaspedal«) des menschlichen Energiesystems. Es ist an nahezu alle Teile des Gehirns angeschlossen. Der Thalamus ordnet die Nachrichten, die das RAS an den Cortex weitergibt. In gewissem Sinne funktioniert das RAS wie ein Frühwarnsystem – es schaltet das ganze Gehirn ein.

Das Gegenstück zum RAS ist das DICTS (Diffusely Inhibitory Caudate System = Diffus Hemmendes Kaudatus System). Der Nucleus caudatus ist das zweitgrößte Areal im Gehirn. Noch einmal: Der inhibitorische Prozeß beginnt im Cortex, und caudatische Inhibition gleicht die retikuläre Erregung aus.

Der menschliche Denkvorgang verläuft horizontal und kreisförmig (Erinnerungsbilder). Die Servoschleife zwischen RAS und DICTS verläuft vertikal. Der Cortex besitzt die Fähigkeit, mit dem Thalamus zu kommunizieren. Wenn ein Hypnotiseur eine Ganzkörper-Katalepsie (= Starre, Muskelverkrampfung) herstellt und den Körper zwischen zwei Stühlen hält, wobei die Fersen auf dem einen und der Kopf auf dem anderen Stuhl aufliegen, hat der Thalamus die corticale Sprache so interpretiert: Der Körper ist steif und starr wie ein Stück Eisen.

Generell kommen im Gehirn drei Arten von Fasern vor:

1. Die aufsteigenden Projektionsfasern
2. Die transhemisphärischen Assoziationsfasern
3. Die innerhemisphärischen Fasern

Meditation, ein cortical herbeigeführter Zustand, schaltet im Grunde genommen die Projektionsfasern aus, die normalerweise die Zuleitung der von außen kommenden Informationen übernehmen. Meditation, Hypnose und Biofeedback liegt eine corticale Assoziation mit verlangsamter Gehirnwellenaktivität zugrunde.

Verhalten ist nachweislich eine Reaktion auf Reize. Wenn man die Gehirnwellenaktivität graphisch darstellt, wobei man auf der Ordinate Verhalten und Reaktion und auf der Abszisse Mobilisierung und Erregung einträgt, erhält man eine umgekehrte U-Funktion:

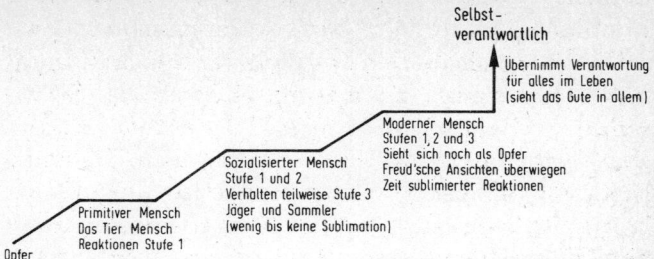

Deshalb wird ein zu geringer Reiz hinsichtlich Erregung und Reaktion das gleiche Resultat erzielen wie ein zu starker.

Vielleicht kann eine andere Betrachtungsweise dieses Konzept verständlicher machen. Die Gehirnwellenaktivität läßt sich in vier Stufen unterteilen:

1. Beta: Völlig wacher bis übererregter Bewußtseinszustand
2. Alpha: Dämmerzone, die mit Meditation, Hypnose, Tiefenentspannung und REM-Schlaf-Zyklen (= Schlafphasen, die durch verringerten Muskeltonus und rasche Augenbewegungen charakterisiert sind) assoziiert wird
3. Theta: Tiefschlaf
4. Delta: Apathie, Koma

Jede Stufe der Gehirnwellenaktivität repräsentiert einen bestimmten Zustand des persönlichen Bewußtseins, das ja die Reize interpretiert und somit sowohl physiologische als auch verhaltensmäßige Reaktionen produziert. Als Modell:

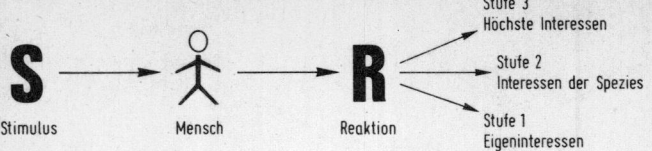

Gehirnsphären:
Stufe 1: Medulla spinalis (Rückenmark
Stufe 2: Hypothalamus
Stufe 3: Cortex

Der eigenverantwortliche Mensch

All diese Dinge zusammengenommen legen die Annahme nahe, daß der Mensch die Fähigkeit hat, Stimuli zu interpretieren (oder umzudeuten) und somit sein Verhalten zu kontrollieren und zu bestimmen (was nun wirklich nichts Neues ist). Deshalb ist es auch nicht nötig, den Menschen als Opfer seiner Umwelt zu betrachten, sondern eher als Wesen auf verschiedenen Abschnitten einer »Reifekurve«, auf denen es die Verhaltensfähigkeiten und -formen erlernt, die schließlich zu Eigenverantwortung führen. Als Opfer spielt der Mensch keine oder nur eine geringe Rolle in seinem Schicksal; als eigenverantwortlicher Mitschöpfer seiner Realität übernimmt er die Kontrolle darüber, was er ist und was aus ihm wird. Unsere Lernkurve oder auch unseren Reifeprozeß mit seiner Freudschen Physik und seinem traditionellen Erbe könnte man wie folgt darstellen:

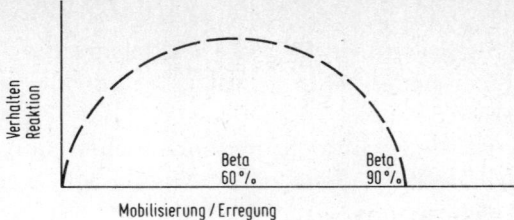

Die eigenverantwortliche Person kann annehmen und vergeben. Das Opfer braucht Anerkennung und Vergebung (und nimmt sie folglich auch wahr). Die größte Angst des Opfers ist die von der totalen Ablehnung. Deshalb wird es sein Verhalten sublimieren, modifizieren und selektieren, um nach Anerkennung und Akzeptanz zu suchen und diese auch zu finden, wobei drastische Ablehnungen zu minimiert versucht werden. Dies entsteht aus der Wahrnehmung des Selbst oder wichtiger anderer Selbst bzw. ihrer Surrogate. Das Opfer ist auf das Opfersein konditioniert. Die Wahrnehmungslinse des Opfers ist so gestaltet, daß sie verstärkend auf die Opfer-Konditionierung wirkt. Ob es um Fragen der Gesundheit oder der Partnerschaft geht, das Opfer wird ständig von Reizen »belagert«, die sich seiner Kontrolle entziehen. Die eigenverantwortliche Person akzeptiert all ihre Mängel und Fehlfunktionen und strebt danach, aus ihnen zu lernen.

Es ist meine Meinung, daß im »Biocomputer« Gehirn Opfer-Szenarien eingespeichert sind, die zu sich selbst erfüllenden Erwartungen werden und die alles, von psycho-physischen Störungen bis zur Wahrnehmung »bedrohlicher« Reize (hier nicht der Tiger), erzeugen. Das, was mit subliminaler Kommunikation wirklich geschieht, ist nichts anderes als eine Desensibilisierung gegenüber Ängsten bei gleichzeitiger Formung einer neuen Wahrnehmungs- und Interpretationslinse.

In einem vielleicht mehr metaphorischen Sinn sagt Bach in »Die Möwe Jonathan«: »Glaube an Grenzen, und sie gehören dir.«

Mit Hilfe der verschiedensten Abwehrmechanismen kreierte der Mensch sein Bild von sich und den anderen zum Zweck der Akzeptanz und entfremdete sich dadurch von sich selbst. So steht er denn seit vielen Jahrhunderten als ein Schatten seiner selbst da, hat eine solche Angst davor, abgelehnt zu werden, daß er sich selbst ablehnen muß; findet keine Anerkennung, da er sich selbst verloren hat.

8. Erfahrungsberichte

Es gibt Tausende von Erfahrungsberichten im Zusammenhang mit subliminalen Lebenshilfe-Programmen. Bis zu einem gewissen Grad stützen solche Berichte den Verkauf dieser Programme.

Viele Wissenschaftler sind jedoch der Auffassung, daß eine Vielzahl variabler Faktoren, einschließlich des bekannten Placeboeffekts, den »wissenschaftlichen« Wert solcher Fallbeispiele verwässere. Oft werden persönliche Erfahrungsberichte auch zum Gegenstand von Spott. Wo wissenschaftliche Methoden und entsprechende Kontrollen fehlen, ist für die meisten Wissenschaftler auch sofort die Glaubwürdigkeit eines Experiments in Frage gestellt.

Es gibt jedoch auch andere, sehr ernstzunehmende Auffassungen.

Einer meiner engen Freunde, William Guillory, Professor der Chemie, verkündet gern, daß es in der Wissenschaft keine »Wahrheiten« gebe. Die Wissenschaft sei in sich eine Tautologie. Ein Beispiel: Betrachten Sie das Leben als ein Phänomen. Ziehen Sie außerdem in Betracht, daß sich *physische* Qualitäten im Moment des Todes nicht verändern – weder das Gewicht noch die chemische Zusammensetzung –, und trotzdem erlischt das Leben. Leben an sich scheint also eine metaphysische Qualität zu sein. Die meisten unserer Grunderfahrungen basieren auf Prinzipien, die wir außer durch Beobachtungen weder belegen noch erklären können.

Im neunten und zehnten Kapitel werden wir auf vorhandene wissenschaftliche Beweise eingehen, doch sind meiner Meinung nach die Aussagen von Subliminals-Benutzern nicht nur glaubwürdig, sondern auch insofern wertvoll, als sie Hinweise auf Themen geben, denen sich die wissenschaftlichen Forschungen widmen könnten und sollten, wie zum Beispiel die gelegentlich vorkommenden inneren Widerstände bei der Anwendung von Subliminals. Ein für die Forschung interessantes Thema wäre also beispielsweise die Dynamik innerer Widerstände.

Geniale Leistungen findet man in der Wissenschaft meiner Meinung nach häufig dort, wo Anomalien (extreme Erscheinungen) untersucht werden. Erkenntnismäßige Durchbrüche resultieren in der Regel eher aus der Betrachtung von Ausnahmen als aus der Untersuchung von Regelmäßigkeiten. In diese Kategorie der Ausnahmen und Anomalien fallen gewissermaßen auch die folgenden berichteten Erfahrungen und Ereignisse, die insofern auch einer eingehenden wissenschaftlichen Untersuchung bedürfen.

Marilee hatte über zweihundert Warzen auf ihrer Hand. Im Laufe einiger Jahre ließ sie viele davon entfernen. Nachdem sie dreißig Tage lang ein Subliminal zur Entfernung von Warzen angewendet hatte, waren alle noch verbliebenen Warzen verschwunden. Nach sechs Monaten hatte sich noch kein Rezidiv gezeigt.

Diana Steed benutzte eine Subliminal-Kassette, um ihre Brüste zu vergrößern, und konnte über »verblüffende« Resultate berichten.

Mike Anglesey kaute fünfzehn Jahre lang seine Nägel bis aufs Fleisch ab, obwohl er eine ganze Reihe von Techniken ausprobiert hatte, um diese Angewohnheit abzulegen. Nachdem er drei Wochen lang ein entsprechendes Subliminal-Programm gehört hatte, hörte er auf, an seinen Nägeln herumzubeißen, und hatte auch sechs Monate später nicht wieder damit begonnen.

Judy Goddard kaufte ihrem Mann ein Subliminal-Programm zur Gewichtsreduzierung und spielte es ihm heimlich vor. Nach dreißig Tagen hatte Herr Goddard sechsundzwanzig Pfund abgenommen.

Einem anderen Bericht zufolge hörte eine Frau ihr Subliminal zur Gewichtsreduzierung jeden Tag, während sie das Abendessen machte. Nach einigen Tagen stellte sie fest, daß ihr zwanzig Monate altes Kind seine Mahlzeiten nicht mehr aß. Sie hörte die Kassette nicht mehr in Anwesenheit ihres Kindes.

Eine wichtige Frage, die wissenschaftlich untersucht werden sollte, ist, ab welchem Alter Kinder die Bedeutung von Worten erfassen können. Peter Eimas von der Brown University hat in beträchtlichem Umfang Beweismaterial zusammengetragen, das die Annahme nahelegt, daß ein Kind bereits im Alter von einem Monat Unterschiede zwischen einzelnen Wörtern ausmachen kann. Im Lichte dieser Erkenntnis gewinnt die Frage nach der Anwendung subliminaler Methoden bei kleinen Kindern an Bedeutung.

Um seiner Frau einen Gefallen zu tun, erklärte sich *Dempsey Whitaker,* der seit achtunddreißig Jahren stark rauchte, bereit, eine subliminale Nichtraucherkassette anzuhören. Whitaker gab an, daß er eigentlich nicht bereit gewesen sei, das Rauchen aufzugeben. Nach sieben Tagen spürte er kein Verlangen mehr nach Zigaretten, und ein Jahr später war er immer noch Nichtraucher.

Frau X war in einen Autounfall verwickelt. Teil der Rehabilitation waren Dehnungsübungen, die Frau X nicht durchführen konnte. Erst nachdem ihre Tochter ihr ein Freude-an-Körperübungen-Subliminal gekauft hatte, konnte sie die Therapie ohne psychische und körperliche Probleme durchführen.

Die Mutter des Sozialarbeiters *Vern Water* kaufte für ihren Sohn, der unter starkem Haarausfall litt, ein Subliminal gegen Haarausfall. Nachdem Vern sich das Band etwa einen Monat lang angehört hatte, begannen die Haare bis zur normalen Fülle wieder nachzuwachsen. Ein Jahr später jedoch war die Glatze wieder da.

Arnold Stringham litt jahrelang unter Migräne. Nachdem er nicht einmal dreißig Tage lang ein entsprechendes Subliminal-Programm angewendet hatte, verschwanden die Kopfschmerzen. Stringham war von der Technik so überzeugt, daß er sie in einer Schule für Immobilienmakler einsetzte, in der er unterrichtete, mit dem Ergebnis, daß im Schnitt wesentlich mehr Studenten die Prüfungen bestanden. Jede neue Klasse, die Stringham unterrichtet, erhält am ersten Tag eine Einführung zum Thema Subliminals, mit seinen eigenen Erfahrungsberichten und Empfehlungen der verschiedenen Lernhilfeprogramme, die er den Schülern dann auch meist vorspielt.

Dr. med. Robert Youngblood behauptet, daß die Anwendung von Entspannungssubliminals die Patienten vor und nach operativen Eingriffen unterstützt. Ein Mitglied seines Teams wendete ein Subliminal-Programm für Bettnässer bei einem chronischen Fall an. Der vierzehn Jahre alte Bub hörte danach auf, ins Bett zu machen.

Beverly E., Erzieherin lernbehinderter Kinder, berichtete eine Leistungssteigerung von bis zu 300 Prozent bei Testpersonen, bei denen Subliminal-Programme und die Technik der Bildassoziationen eingesetzt worden waren.

Aus einer freien psychiatrischen Anstalt wurde berichtet, daß Aggressivität und Feindseligkeiten unter erwachsenen Patienten durch den Einsatz von Subliminals merklich vermindert werden konnten.

L. L. führte Subliminals zur Schmerzbekämpfung in einer Sterbeklinik ein. Bei mindestens einem Patienten, der vorher unter unkontrollierbaren Schmerzen gelitten hatte, konnte die Dosis von chemischen Schmerzmitteln deutlich verringert werden. Er selbst baute dann diese neu gewonnene Schmerzfreiheit mit Hilfe von Subliminal-Programmen noch weiter aus.

C. M. spielte einem im Koma liegenden Patienten ein Selbstheilungs-Subliminal vor. Die wundersame Genesung des Patienten schreibt sie den Affirmationen auf der Kassette zu.

Der Sohn von *J. L.* war kleiner und jünger als die anderen Kinder, mit denen er zur Schule ging. Dennoch wollte er unbedingt in die Ringermannschaft aufgenommen werden. J. L. kaufte ihrem Sohn ein spezielles Programm für Ringer. Er wurde nicht nur der Beste in seiner Mannschaft, sondern er fuhr sogar zu Meisterschaftskämpfen. Er und seine Familie sind der Meinung, daß es das Subliminal-Programm war, das letztlich den Unterschied (wett-)machte.

Dr. J. S. experimentierte mit Subliminal-Kassetten, indem er sie seinen Doktoranden während einer extrem schwierigen Vorlesung vorspielte. Es gibt seinen Aussagen zufolge keinen Zweifel daran, daß sich dadurch die Leistungen der Studenten verbesserten, was deren Examensnoten bezeugten.

Davids Sohn, gerade im Teenageralter, nahm Drogen. David kaufte ihm ein Anti-Drogen-Subliminal, und der Junge erklärte sich bereit, damit zu arbeiten. Heute nimmt er keine Drogen mehr.

Der Sohn von *L. P.* litt unter Verhaltensstörungen und versagte in der Schule. Bei ihm wurden spezielle Erfolgssubliminals für Kinder angewendet. Heute ist der junge Mann ein außergewöhnlich guter Student, der seine Verhaltensstörungen überwunden hat. Seine Mutter sagte, sie habe die Programme jeden Abend vor dem Zubettgehen gespielt und sehr bald habe der Junge selbst danach verlangt.

Berichten zufolge konnten in vielen Büros die Leistungsfähigkeit gesteigert, Streß abgebaut und somit die Kosten für das Gesundheitswesen reduziert werden – als Resultat des Abspielens von Subliminals über die Musikanlagen der Büros.

Die Schwiegermutter von *R. L.*, eine Frau von Ende Siebzig, hörte sich ein Subliminal-Programm mit dem Thema »Sauber, rein und ordentlich« an. Sie erzählte, sie habe nach drei Tagen aufgehört, das Programm anzuhören, nachdem sie vom ständigen Putzen total übermüdet gewesen sei.

J. P. erzählte, sie habe mit ihrem subliminalen Intimprogramm aufgehört, nachdem ihr Mann, der keine Ahnung davon hatte, daß das Programm lief, so »liebesbedürftig« wurde, daß er »mich nicht mehr in Ruhe lassen wollte«.

Ein anderer Anwender spielte sein Aktiv-Subliminal am Abend nach dem Kauf zum erstenmal, nachdem er ins Bett gegangen war. Er berichtete, er sei sehr bald danach aufgestanden und habe bis um drei Uhr morgens seine Werkstatt aufgeräumt, bevor er endlich wieder müde wurde. Er meinte, daß diesem Programm eine Warnung beigegeben werden sollte, es nicht am Abend zu hören.

C. S. berichtete von spontanen Astralprojektionen (Erfahrungen außerhalb des eigenen Körpers) als Ergebnis dessen, daß sie eine subliminale Kassette zur Mobilisierung medialer Fähigkeiten angehört hatte.

Einige Firmen bieten Subliminals zur Verbesserung der außersinnlichen Wahrnehmung oder zum Erlernen spezieller parapsychologischer Fähigkeiten an. Es taucht dann öfters die Frage auf, ob die Anwendung dieser Kassetten die Benutzer empfänglicher für paranormale Erfahrungen mache. Darauf zu antworten ist etwas kompliziert. Es gibt einiges Material, das auf eine Korrelation zwischen medialer Begabung und der Fähigkeit, subliminale Nachrichten zu verstehen, schließen läßt. Theoretisch könnte man das Bewußtsein darauf trainieren, daß es alle uns ständig umgebenden subtilen Einflüsse besser wahrnimmt. Einige meiner eigenen Forschungsergebnisse legen folgende Annahme nahe: Je mehr korrekt produzierte Subliminals man sich anhört, desto eher wird man in der Lage sein, den subliminalen Inhalt auch zu »hören«. Das heißt jedoch nicht, daß jemand, der sich ein Programm zur Erweiterung seiner sensitiven Fähigkeiten anhört, auch sensibler für paranormale Eindrücke wird. Tatsächlich ist es so, daß man, ganz gleich, welchen Ursprungs man ist oder auf welchem Energielevel man sich bewegt, um so eher seine diskriminierenden

Fähigkeiten einsetzen kann, je bewußter man sich des Inputs ist. Wenn Kinder, wie es oft behauptet wird, größere sensitive Fähigkeiten besitzen, dann nur deshalb, weil sie mit ihren Sinnesmechanismen mehr im Einklang sind.

Was mit der Anwendung von Subliminals bewirkt werden kann, ist eine Rückkehr zu natürlicher, im Gegensatz zu erlernter und analysierender Sinneswahrnehmung. Dr. Russel Targ, ein bekannter Erforscher medialer Phänomene, erzählte mir, daß in Studien über Hellseherei und Präkognition die Genauigkeit der Eindrücke durch analytisches Denken beeinträchtigt würde. Targ berichtete, daß diejenigen Personen in PSI-Tests die höchste Punktzahl erreichten, die von sich behaupteten, sie hätten keinerlei sensitive Fähigkeiten, während die wenigsten Punkte von denen erzielt würden, die genau das Gegenteil von sich sagten. (Er erwähnte, daß dieses Phänomen auch durchaus durch Ängste beeinflußt sein könnte, wie zum Beispiel die Angst zu versagen.) Ein Beispiel dieser Korrelation begegnete mir einige Tage später auf einer psychotronischen Konvention, die Targ und ich besuchten. Nach einer Sitzung, bei der Löffel verbogen wurden, erzählte man, daß ein unbekannter Autor und PSI-Forscher, von dem man annahm, er habe mediale Fähigkeiten, äußerst beschämt darüber war, daß es ihm nicht gelang, seinen Löffel zu verbiegen, während eine Reporterin des *National Enquirer,* eine sehr intelligente, fordernde Frau, mit einer »Ich-will's-wissen«-Einstellung ihren Löffel ohne Probleme verbog.

Ich habe einige hundert Berichte von Leuten gehört, die durch die Anwendung von Subliminals das Gedächtnis verbessern, Prüfungsängste abbauen, Lernfähigkeiten und Konzentration steigern konnten; Warzen und Migräne verschwanden, Brüste wurden größer, und Heilungserfolge (beispielsweise bei Allergien) konnten erzielt werden; Schlaflosigkeit wurde bekämpft und vieles mehr. Oft wurde ich gefragt: »Wie macht ein Subliminal-Programm das?« Das Subliminal-Programm *macht* nichts anderes, als daß es unser Unterbewußtsein mit bestimmten Reizen versorgt, auf die dieses dann reagiert. Das Unterbewußtsein ist der Macher! In der Tat könnte man sagen, daß Subliminals nichts anderes tun, als den Zustand »wahren Glaubens« zu fördern. Wenn dieser »wahre Glaube« erst einmal im Denken etabliert ist, fängt der Körper an zu reagieren. (Die Vorstellung vom Denken als einer heilenden oder auch mörderischen Kraft ist ja nichts Neues.) Wie bei jedem Placebo auch muß der »wahre Glauben« an die Sache oder die Erwartung des Erfolgs gegenwärtig sein, damit der Placeboeffekt auch greifen kann. Ob ein Subliminal-Programm nun einen Placeboeffekt hat oder selbst ein Placebo ist, ist völlig ohne Belang. Bekannt ist die statistische Tatsache, daß Placebos bei etwa 20 Prozent der Testpersonen zum gewünschten Resultat führen. Bei den Anwendern von Subliminal-Programmen liegt die Erfolgsquote bei über 80 Prozent.

In bestimmten Fällen bzw. Situationen können Subliminals kontraindiziert sein. So ist zum Beispiel die Anwendung eines Entspannungsprogramms, während man Auto fährt oder Maschinen bedient, wegen der offensichtlichen Möglichkeit, dabei einzuschlafen, nicht anzuraten. Medizinische subliminale Programme sollten nur unter ärztlicher Kontrolle durchgeführt werden.

9. Klinische Daten

Im fünften Kapitel wurde gezeigt, daß acht Bereiche menschlicher Aktivität nachweislich durch subliminale Kommunikation beeinflußt werden.

Diese Bereiche sind:

- Bewußte Wahrnehmung
- Träume
- Triebe
- Emotionen
- Gedächtnis
- Abwehrmechanismen der Wahrnehmung
- Wertnorm-Ankerpunkte
- Verbales Verhalten

In »Die unterschwellige Verführung« stellt Professor Key dar, inwieweit die jeweiligen Bereiche durch subliminale Kommunikationstechniken angesprochen oder auch ausgebeutet werden. Ich halte Keys Werk für sehr empfehlenswert. Hier ein kurzer Überblick über einige wesentliche Aussagen Keys, die auch für unsere Thematik interessant sind.

Bewußte Wahrnehmung setzt voraus, daß die Welt durch ein System aus Vor-Einstellungen betrachtet wird. Die meisten Verhaltensforscher sind der Meinung, daß diese Prädisposition im Laufe des Enkulturationsprozesses entsteht. In den Politikwissenschaften werden diese Vor-Einstellungen oft als ethnozentrisch klassifiziert. Die Mittel, um beispielsweise in Kategorien von Gut und Böse, richtig und falsch bewerten zu können, und die Fähigkeit, damit zurechtzukommen, hängen mit diesen Vor-Einstellungen zusammen. So werden zum Beispiel Mimik und Körpersprache oft mit der verbalen Sprache verbunden, um die verschiedenen Bedeutungen entstehen zu lassen. Nach Key wird die Interpretation des Gesichtsausdrucks durch subliminale Stimuli beeinflußt. Das heißt mit anderen Worten, daß ein total ausdrucksloses Gesicht für den Betrachter einen wütenden Ausdruck haben kann, wenn ihm gleichzeitig unterschwellig das Wort *Wut* suggeriert wird.

Träume bieten uns den klarsten empirischen Zugang zu unseren unterbewußten Prozessen. Wie wir bereits bei der Besprechung der Arbeit von Poetzle gesehen haben, werden in Träumen oft unterschwellig aufgenommene Reize verarbeitet. Key zitiert einige Fälle, in denen Personen Reize regelrecht »ausgeträumt« haben, die sie durch subliminal unterlegte Werbung aufgenommen hatten. Key weist auch auf die enge Verwandtschaft zwischen subliminaler Wahrnehmung und posthypnotischen Suggestionen hin. Er nimmt an, daß hier eine funktionale Ähnlichkeit vorliegt, und zwar auf Grund der Tatsache, daß posthypnotische Suggestionen durch das Suggerieren einer Teilamnesie aus dem Bewußtsein gelöscht werden können.

Ich kenne als Hypnotiseur einige Anwendungsbereiche der subliminalen Kommunikation, in denen sie gleichzeitig mit Trance-Therapien eingesetzt wird, um positive Veränderungen in Patienten auszulösen. Bei

Patienten in leichter Hypnose ist oft ein dichotomisches Herangehen vorteilhaft. So kann beispielsweise parallel zum verbalen Monolog des Therapeuten, der dem Patienten suggeriert, daß dieser sich wohl fühlt, ein Audio-Subliminal-Programm angewendet werden, das dem Patienten unter dem Klang von Meeresrauschen suggeriert: »Ich fühle mich wirklich wohl.«

Träume sind oft der einzige Zugang zu ungelösten inneren Konflikten, die sonst nie zutage treten. Es ist nicht ungewöhnlich, daß Patienten nach einer Sitzung mit dichotomischem oder amnesischem Ansatz über Träume berichten, die solche inneren Konflikte zum Vorschein brachten. Dies kann jedoch genauso auf jeden anderen therapeutischen Eingriff zutreffen.

Gefühle sind mit am stärksten durch subliminale Kommunikation zu beeinflussen. Die Fähigkeit unterschwelliger Informationen, uns zu erregen, beispielsweise wütend zu machen oder auch für äußere Reize zu desensibilisieren, ist bereits ein fester Bestandteil der Literatur, auf den wir später bei der Betrachtung der spezifischen klinischen Daten noch näher eingehen werden.

Auch das *Gedächtnis* kann durch Zuhilfenahme subliminaler Technik verbessert werden. Die Arbeit von Lozanov dazu haben wir bereits kurz erörtert. Jede der uns größtenteils durch die Arbeit von Lynn Schroeder und Sheila Ostrander bekannten Formen des Superlearning arbeitet normalerweise mit einer Kombination aus verändertem Bewußtseinszustand (Alpha-Phase) und subliminaler Technik. Es spielt keine Rolle, ob man diese Techniken als Suggestologie, Suggestopädie, Sophrologie oder Schnell-Lernen bezeichnet; sie alle bedienen sich derselben Techniken.

Es sollte auch erwähnt werden, daß das Erinnerungsvermögen ein hochkomplizierter Vorgang ist. Normalerweise wird vom bewußten Gedächtnis gesprochen; es gibt jedoch auch ein unbewußtes Gedächtnis. Auf Grund der Funktionsweise unserer Abwehrmechanismen werden viele unerwünschte Eindrücke im Unbewußten abgespeichert. Außerdem rutschen viele Informationen, die einmal von Nutzen waren, ebenfalls aus dem bewußten Teil des Gedächtnisses in den un- bzw. unterbewußten Teil. Es findet ständig eine unbewußte Informationsverarbeitung statt, die dem Bewußtsein jedoch verborgen bleibt.

Diejenigen, die subliminale Technik zu kommerziellen Zwecken verwenden, sprechen mit ihren manipulativen Techniken gewöhnlich eher die unbewußte Ebene des Gedächtnisses an. Wenn der finanzielle Aufwand, der für diese Art Marketingstrategie betrieben wird, in einer Relation zum Erfolg dieser Technik steht, muß die Subliminaltechnik extrem erfolgreich sein.

Es gibt auch ein assoziatives Gedächtnis, das heißt, die Erinnerung an etwas, was auf Grund von Reizen wahrgenommen wird, die unbewußt registriert und assoziativ verknüpft werden. Ein gutes, meiner Meinung nach jedoch verantwortungsloses Beispiel für die unterschwellige Nutzung des assoziativen Gedächtnisses ist ein Experiment, das der Erziehungspsychologe Dr. Bruce R. Ledford durchführte. Seine Theorie war, daß, wenn durch Werbung die Produktidentifikation gesteigert werden kann, es auch möglich sein müßte, auf eine ähnliche Weise höhere Lernleistungen zu erzielen. Ledford setzte Studenten der East Texas State University erotischen und gewalttätigen Bildern aus, die er während seiner Vorlesungen subliminal auf eine Leinwand hinter sich projizierte. Die Bilder wurden mit einer Lichtstärke projiziert, die geringfügig unter der des Vorlesungsraumes lag, so daß sie bewußt nicht wahrnehmbar waren. Ledfords Vorlesungen, die nichts mit den gezeigten Bildern zu tun hatten, waren für die Studenten plötzlich wesentlich interessanter als andere. Dies spiegelte sich ebenfalls in den Noten wieder. Die Testresultate der Versuchsgruppe zeigten eine deutliche Steigerung der Gedächtnisleistung hinsichtlich des von Ledford präsentierten Materials gegenüber der Kontrollgruppe, die lediglich die blanke Leinwand hinter Ledfords Pult gesehen hatten.

Abwehrmechanismen schützen uns vor schockierendem oder höchst traumatischem Material. Diese Mechanismen können eine subliminale Manipulation dadurch unterstützen, daß sie Fakten einfach aus der Wahrnehmung »drängen«, die wir normalerweise wahrnehmen würden. Zur Verdeutlichung dient hier Keys Menü-Beispiel in seiner *Clam Plate Orgy*. Eine Orgienszene ist wohl kaum das, was man in der Garnierung eines Muschelgerichtes in einem bekannten und renommierten Restaurant erwarten würde. Wir weigern uns ganz einfach, das zu sehen, was es dort eigentlich zu sehen gibt.

Ein *Wertnorm-Ankerpunkt* ist eine Position, die sich ein Individuum als Bezugspunkt zwischen Gegensätzen aussucht. Von diesen Punkten aus bewertet es sich selbst und seine Umwelt. Der Wertnorm-Ankerpunkt ist eine persönlich und kulturell akzeptable Position zwischen Gut und Böse, richtig und falsch, Erfolg und Versagen, Anerkennung und Ablehnung etc.

Zahlreiche Untersuchungen haben gezeigt, daß diese Ankerpunkte durch subliminal wahrgenommene Daten verschoben werden können.

Als Kriminologe hatte ich jahrelang mit Leuten zu tun, die von der Gesellschaft als Diebe, Kriminelle und so weiter bezeichnet wurden. Eines habe ich schnell gelernt: Niemand hält sich selbst für schlecht. Nun mag dies eine zu grobe Verallgemeinerung sein, doch im Grunde rationalisiert jeder sein abweichendes Verhalten mittels eines oder mehrerer Abwehrmechanismen. Um der Wahrheit willen muß man sich der realitätsbezogenen Verantwortung stellen. Das Anerkennen der Eigenverantwortung steht in den meisten Fällen konträr zu den unseren Abwehrmechanismen zugrunde liegenden Motiven.

Haben Sie sich schon einmal gefragt, warum jemand ein Verbrechen gesteht? Ich habe Hunderte von Tests am Lügendetektor durchgeführt und Hunderte von Geständnissen aufgenommen. Kein einziges Mal ist der Befragte dabei mit dem Bekenntnis auf seinen Lippen in mein Büro gekommen. Lüge, Lüge und nochmals Lüge ist der Punkt, mit dem jedes Verhör beginnt.

Ein guter Vernehmungsbeamter lernt jeden Aspekt von Kommunikation kennen; von der Anzahl der Worte bis hin zur Körpersprache. Er versteht auch die Defensivmechanismen und kann sie benutzen. Er kann zum Beispiel jemandem, der seinen Arbeitgeber bestohlen hat, suggerieren, daß der Arbeitgeber gemein und unfair war. Er bietet dem Dieb somit Einfühlungsvermögen an und gibt ihm eine Gelegenheit, sein Verhalten dadurch zu rechtfertigen, daß er dem Arbeitgeber die Schuld zuschiebt. Mit anderen Worten:

Der Arbeitgeber hat es nicht anders verdient! Wäre er fair gewesen, hätte er seinem Angestellten mehr gezahlt, ihm nicht die Zeit gestohlen oder ihn sonst auf irgendeine Weise so weit ausgenutzt, daß es für den Angestellten irgendwann ganz in Ordnung war, sich hier selbst einen »Ausgleich« zu verschaffen.

In einer Diskussion erzählte mir eines Tages ein Kollege von einer Studie über Subliminals, die in Kombination mit der Lügendetektion angewandt worden waren. Seine Schilderung machte mich neugierig. War es möglich, daß ein Subliminal Wertnorm-Ankerpunkte aufweichen und somit einen neuen Bezugspunkt am wahren Ende des Wahrheit-Lüge-Kontinuums herstellen konnte? Doch trotz intensiver Bemühungen, die Studie ausfindig zu machen, hatte ich keinen Erfolg. Also beschloß ich, selbst mit einer Subliminal-Kassette zu experimentieren, die unter Harfen- und Flötenmusik unhörbare Worte aus dem dreiundzwanzigsten Psalm enthielt.

Nachdem ich dieses Band während einer Reihe von Verhören abgespielt hatte, bemerkte ich auffallende Veränderungen in der Länge der Verhöre, der Geständnis- und Lügenrate und in den Geständnissen vor dem eigentlichen Lügentest. Der dreiundzwanzigste Psalm hatte meine Arbeit wesentlich erleichtert. Warum sollte der dreiundzwanzigste Psalm einen Wertnorm-Ankerpunkt eines Angehörigen unseres Kulturkreises verändern? Die Antwort liegt auf der Hand, und der Grund, aus dem ich dieser Meinung bin, ist der, daß die Geständnisse ehrliche Bekenntnisse einer Fehlhandlung waren, im Gegensatz zu rationalen Aussagen, die sich nur auf einen speziellen Tatbestand bezogen. Die wirkliche Frage ist deshalb:

Würde der dreiundzwanzigste Psalm in einer nichtchristlichen Kultur die gleichen Auswirkungen haben?

Ein anderer bemerkenswerter Unterschied war, daß, immer wenn der dreiundzwanzigste Psalm angewendet wurde, der Situationsstreß und die Intensität von Haßgefühlen bei allen Befragten deutlich niedriger lagen als sonst.

Nun sind dies experimentelle Fakten und noch keine wissenschaftlichen Beweise. Nichtsdestoweniger haben zwei andere Untersuchungen, in denen die gleiche Subliminal-Kassette eingesetzt wurde, über ähnliche Ergebnisse berichtet.

Das *verbale Verhalten* ist ein komplexes Gebilde. Zumindest drei Aspekte sollten in bezug auf Subliminals hierbei beachtet werden:

1. Die Mehrfache Bedeutungsmutation
2. Das Ein- und Abgrenzende Set
3. Der Kontextbezug

Die *Mehrfache Bedeutungsmutation* bezieht sich auf Wörter, die andere Wörter, jedoch mit drastisch anderer Bedeutung, beinhalten, wie zum Beispiel das Wort *con* (Betrüger) in *confidence* (Vertrauen). Außerdem bezieht sie sich auf Implikationen oder Assoziationen, wie das Substantiv *pea* (Erbse) in dem Verb *pee* (pinkeln). Key stellt in »Die unterschwellige Verführung« fest, daß gewisse Tabu-Wörter auch in scheinbar harmlosen Wörtern vorkommen. Key verwendete Wörter wie *whose* (wem, wessen) und *whore* (Hure) bzw. *cult* (Kult) und *cunt* (vulgär für Vagina), um einen starken emotionalen Einfluß auf unterschwelligem Niveau nachzuweisen. Er behauptet, daß Wörter dieser Art freizügig in Druckwerbungen verwendet würden, um Emotionalität aufzubauen. Key nimmt auch Bezug auf eine Reihe von Experimenten, in denen gezeigt wurde, daß diese emotionsgeladenen Wörter physiologische Reaktionen auslösen, die im EEG dargestellt werden können.

Das *Ein- und Abgrenzende Set* bezieht sich auf die Definition von Wörtern oder Ausdrücken. Wenn Sie beispielsweise sagen »Ich bin ehrlich«, meinen Sie, daß Sie sich ehrlich verhalten, und gleichzeitig, daß Sie sich nicht unehrlich verhalten. Mit anderen Worten, Sie definieren das Wort *ehrlich* sowohl durch das, was Sie damit einschließen, als auch durch das, was Sie ausschließen.

Der *Kontextbezug* verwendet sowohl die denotativen als auch die konnotativen Werte eines Wortes oder eines Ausdrucks, um ihm die jeweilige Bedeutung in einem gegebenen Kontext zu verleihen. Zum Beispiel mag ein Politiker das Wort *Freiheit* in einer Rede verwenden, um in den Wählern die starken positiven Werte hervorzurufen, die die meisten Menschen mit diesem Wort assoziieren. Ein genauer Vergleich der Tätigkeiten des Politikers mit seiner Rhetorik wird zeigen, ob oder ob nicht *Freiheit* für ihn dasselbe bedeutet wie für seine Wähler.

Zusammenfassend läßt sich sagen, daß subliminale Kommunikation nachweislich die eben besprochenen acht Bereiche menschlicher Aktivität beeinflußt. Klinische Daten legen jedoch die Vermutung nahe, daß es darüber hinaus weitere Bereiche gibt, die die unterschwellige Kommunikation beeinflussen kann und beeinflußt. In der Sowjetunion zum Beispiel arbeitet man, Berichten zufolge, seit Jahren mit unterschwelliger Konditionierung. Es hat sich gezeigt, daß Subliminals Hauttemperatur, galvanische Hautreaktionen und den Herzschlag beeinflussen – tatsächlich die meisten, wenn nicht gar alle unsere physiologischen Prozesse.

1983 erzählte mir Owen Stitz von der Mid-West Research, daß seine Firma Subliminals entwickelt hätte, die von Vollzugsbeamten bei Entführungen durch Terroristen eingesetzt werden sollten, daß sie getestet wurden und funktionierten. Das Subliminal sollte Fehlfunktionen von Blase, Leber und Nieren hervorrufen. Stitz erklärte, daß bei Entführungen gewöhnlich über Stunden hinweg am Telephon mit den Terroristen verhandelt würde. Die Idee war, ein Subliminal zu schaffen und es mit Rauschen – in diesem Fall beispielsweise mit dem Geräusch einer Klimaanlage – zu verdecken. Stitz behauptete, das Subliminal sei in einer ungenannten Polizeiakademie unter medizinischer Aufsicht, jedoch ohne Wissen der Testpersonen getestet worden. Nach drei Tagen sei es abgesetzt worden, da fast die gesamte Kadettenklasse dehydriert gewesen sei.

Subliminals beeinflussen nachweislich die Wahrnehmungsschwelle. Ostrander und Schroeder berichten in ihrem *Subliminal Report,* daß die Wahrnehmungsschwelle des einen Auges angehoben wurde, wenn dem anderen Auge Worte mit unangenehmen Inhalten subliminal präsentiert wurden.

Subliminals können auch das Suchtverhalten beeinflussen. Ein Doktorand von Thomas Budzynski untersuchte die Auswirkungen unterschwelliger Einflüsse auf Alkoholiker. Gruppen, die zusätzlich zur gängigen Therapie mit Subliminals behandelt wurden, erzielten deutlich bessere Ergebnisse als die Kontrollgruppen, die nur die Therapie erhielten. Budzynski hat eine staatliche Förderung beantragt, um die Rolle spezieller Suggestionen in Subliminals weiter untersuchen zu können.

Die Verhaltenstherapie ist eines der wichtigsten Anwendungsgebiete für Subliminals. Derartige Therapien wurden bei so unterschiedlichen Problemen wie Jet Lag und Platzangst wirksam. Ein interessanter klinischer Ansatz war beispielsweise der von Dr. Dominic Marino, der bei der Behandlung eines 58jährigen Mannes, der unter einer Gewitterphobie litt, als Teil einer vielschichtigen Behandlung Subliminals einsetzte, um das unangemessene Verhalten des Mannes hinsichtlich Gewittern zu heilen. Marino berichtete, daß die Gewitterphobie vollkommen beseitigt werden konnte.

Als Ergebnis meiner eigenen Forschungsarbeiten habe ich unzählige anekdotische Beweise, die für die Anwendung subliminaler Kommunikation auf den verschiedensten Gebieten sprechen – von der Unterbindung schwerer krimineller Handlungen bis hin zur Steigerung sportlicher Leistungsfähigkeit. Als ein Beispiel für letzteres sei das Football Team des Weber State College genannt, die nach einer ihrer schlechtesten Spielzeiten die Meisterschaft 1987 gewannen, nachdem sie im Training mit Subliminals gearbeitet hatten. Dieser Fall verdeutlicht sehr gut, daß Subliminals sowohl zur Entspannung als auch zur Handlungsmotivation eingesetzt werden können.

Die Forschung auf diesem Gebiet steckt noch in den Kinderschuhen, doch man kann bereits soviel sagen:

Subliminale Kommunikation scheint die potentiell mächtigste Form der Kommunikation zu sein, die der Mensch kennt. Ebenso scheint es, daß den Applikationsmöglichkeiten für Subliminals nur durch den menschlichen Geist Grenzen gesetzt sind.

10. Wissenschaftliche Ergebnisse

Man könnte sich mit der Tatsache auseinandersetzen, daß Subliminals seit Jahrhunderten angewendet werden – zumindest seit den Heilungszentren der Asklepiaden im alten Griechenland, die subliminale Informationen anwandten, um bessere Voraussetzungen für den Heilungsprozeß zu schaffen –, doch dies würde über den Rahmen dieses Buches hinausgehen. Vielmehr sollen in diesem Kapitel einige Ergebnisse zeitgenössischer Studien über subliminale Techniken und Wahrnehmung vorgestellt werden. Zwei der bedeutendsten Forscher auf diesem Gebiet sind Dr. Norman Dixon, Autor von »Die vorbewußte Informationsverarbeitung«, ein wirklich hervorragender Text für alle, die beruflich mit dem Thema zu tun haben, und Dr. Lloyd Silverman von der New Yorker Universität.

Dixon hat wahrscheinlich an mehr unterschiedlichen Forschungsversuchen subliminaler Stimuli teilgenommen als sonst irgend jemand. Seine Forschungsarbeit brachte gewisse allgemeingültige Regeln hervor. Eine davon besagt, daß Bewußtsein nicht dasselbe ist wie Informationsverarbeitung. Es gibt mindestens zwei informationsverarbeitende Systeme, wobei das Bewußtsein zudem nur eines der beiden gewahr wird. Darüber hinaus übernimmt die vor-bewußte Verarbeitung bzw. das Unbewußte Aufgaben, von denen man bisher annahm, daß sie eine Domäne des Bewußtseins seien. So kann beispielsweise eine Information, die die Bedeutung neuer Wörter verarbeitet, zusammen mit anderen relevanten Daten ins Gedächtnis integriert werden, wobei auch entsprechende Reaktionen ausgelöst werden, ohne daß der Reiz je die bewußte Wahrnehmung berührt hätte. Dixons Werk ist ein Kompendium der Anwendungen und Auswirkungen subliminaler Stimuli, das von den traditionellen bis zu den eher unorthodoxen parapsychologischen Theorien der Reizregistrierung reicht.

Dr. Lloyd Silverman, der seit über zwanzig Jahren auf dem Gebiet der Forschung tätig ist, wird von einigen für die herausragendste akademische Persönlichkeit auf dem Gebiet der subliminalen Kommunikation gehalten. Seine Arbeit mit symbiotischen Phantasien war Anlaß zu einer Unmenge von Studien und Artikeln. Suggestionen wie »Mami und ich sind eins« oder »Es ist okay, besser zu sein als Papa«, oft auch als »Einheitsphantasien« bezeichnet, besitzen nachweislich ein Potential, das fast an Wunder grenzt. In vielen Bereichen, von der Lernfähigkeit bis hin zu sportlichen Leistungen, konnten durch den Einsatz dieser subliminalen Nachrichten Verbesserungen erzielt werden. Dies mag schwer zu glauben sein, doch allgemeine Ansicht der Psychologie ist es, daß eine vereinigende Phantasie (symbiotische Phantasie), im Normalfall unter der Verwendung von Archetypen, das adaptive Verhalten verbessert.

Silverman betrieb die Erforschung der unterschwelligen Kommunikation zunächst, um einen Weg zum Verständnis des Unbewußten zu finden. Er begann mit der Hypothese, daß ein Konflikt, der im Unbewußten auf Grund gegensätzlicher Wünsche entsteht, adaptives Verhalten entstehen läßt. (Alles Verhalten ist adaptiv, selbst wenn es nach den Regeln gewisser Konventionen nicht so aussehen mag.) Je ernsthafter und stabiler der Konflikt ist, desto abweichender ist auch das Verhalten. Silverman testete diese Annahme unter Verwendung visuell eingebetteter »psychoaktiver Subliminals«, wie er sie nannte. Die Theorie erwies sich als richtig: Schizophrene Symptome verschlimmerten sich in sehr starkem Maße.

Silvermans »Mami«-Nachricht wurde erst dann in den psychologischen Fachzeitschriften diskutiert, nachdem sie bei Gewichtsreduzierungen erfolgreich eingesetzt worden war. Danach wandten Dr. Silverman und eine Mitarbeiterin, Dr. Rose Bryant-Tuckett, das »Mami«-Subliminal bei einer Gruppe gefühlsgestörter Kinder in einer New Yorker Schule an. Die Beteiligten wurden über das Vorhaben informiert, doch niemand in der Versuchsgruppe kannte den Inhalt der Nachrichten. Die Ergebnisse wurden mit dem California Achievement Reading Test gemessen. Silverman und Tuckett schlossen eine Kontrollgruppe in ihr Experiment ein und verwendeten ein Tachistokop, um die Nachricht »Mami und ich sind eins« subliminal zu präsentieren. Die Kinder, die die Subliminals gesehen hatten, erzielten deutlich bessere Resultate als die Kinder der Kontrollgruppe. Darüber hinaus konnte in der Testgruppe eine Reihe von überdurchschnittlich großen Verbesserungen festgestellt werden, und zwar sowohl hinsichtlich des allgemeinen Verhaltens als auch der (deutlichen besseren) arithmetischen Leistungen.

Zu vergleichbar guten Ergebnissen kam Dr. Kenneth Parker vom Queen's College in einem Experiment, das darauf abzielte, die akademische Leistungsfähigkeit von Jura-Studenten zu verbessern. Er fand heraus, daß die magische »Mami«-Formel diese Leistungsfähigkeit im allgemeinen stark erhöht. Bei der Kontrollgruppe dagegen konnten derartige Verbesserungen nicht nachgewiesen werden. Dies war jedoch nicht alles, denn nach einem Monat hatten diejenigen, die die subliminale Nachricht erhalten hatten, weitaus mehr von dem damit gelernten Materials behalten.

Es gab einige Versuche anderer Wissenschaftler, die Wirksamkeit der »Mami«-Subliminals zu reproduzieren, in denen Abwandlungen der symbiotischen Phantasie eingesetzt wurden. Nachrichten wie »Papi und ich sind eins« und »Der Professor und ich sind eins« zeigten sich als deutlich weniger wirksam als die magische »Mami«-Nachricht.

Dr. Sima Ariam testete das »Mami«-Subliminal an Studenten in Tel Aviv und fand dabei heraus, daß desen Wirkung kulturübergreifend ist. Ariam, übrigens eine Studentin von Silverman, erzielte ähnliche Ergebnisse wie ihr Mentor. Der Archetyp »Mami« ist offensichtlich nicht an die westliche Kultur gebunden.

Silverman sagt, daß paradoxerweise die Phantasie der Einheit mit der Mutter eine archetypische Erfahrung mit der »guten Mutterfigur der Kindheit« ist, die Eigensuffizienz produziert. Die Zeitschrift *Newsletter Perspective* zitierte Silverman dahingehend, daß zumindest ein Leitaspekt der geistigen Gesundheit die Fähigkeit ist, bequem zwischen der Einheit oder der Einheitsphantasie und der Individuation hin und her schwanken zu können. Es hat sich gezeigt, daß das Schlüsselwort in der »Mami«-Nachricht das Wort *eins* ist. Die Kraft dieser Nachricht scheint wesentlich auf der Metapher der *Einheit* zu basieren.

In seinen neueren, bislang noch unveröffentlichten Erkenntnissen verbanden Dr. Thomas Budzynski und seine Frau Lawrence Doche-Budzynski, Doktorandin an einer Pariser Universität, die Kraft der »Mami«-Nachrichten mit den oben erwähnten »Papi«-Nachrichten und erhielten statistisch aussagekräftige Ergebnisse. Ihr Experiment wurde mit Typ-A-Männern durchgeführt. Die Annahme, basierend auf den Arbeiten von Friedman und diversen anderen, daß Typ-A-Männer ein niedriges Selbstwertgefühl besitzen, war Teil der Arbeitshypothese. Tests vor und nach dem Experiment ergaben eine deutliche Steigerung des Selbstwertgefühls bei den Testpersonen. Dabei wurden vier verschiedene statistische Meßmethoden eingesetzt: Minnesota Multiphase Personality Inventory, Jenkins Attitude Survey, Tennessee Self-Concept und Cooper Self-Esteem.

Im Gegensatz zu früheren Studien setzte Budzynski akustische Subliminals ein. Die Informationen »Mami und ich sind eins«, Abwandlungen von »Es ist okay, besser zu sein als Papi« und »Ich bin gut« wurden langsam und bedeutungsvoll gesprochen und dann unter den sanften Klang von Meeresrauschen gemischt. Es wurden keine Mehrspuraufnahmen, keine Zeitkompressionen oder Frequenzveränderungen bei den Stimmen verwendet. Das Anhören der Programme beanspruchte ungefähr zwanzig Minuten pro Tag. Das Experiment war als Doppelblindstudie ausgelegt. Nach vier Wochen ergaben die Tests deutliche Verbesserungen bei den Teilnehmern, die die subliminalen Nachrichten gehört hatten. Zusätzlich ließen sich nach neunzig Tagen bleibende Verbesserungen messen.

In Südafrika konfrontierte Dr. T. F. Pettigrew Testpersonen (Eingeborene und weiße Südafrikaner) mit Subliminals, die auf Experimenten mit der lateralen Differenzierung des Gehirns beruhten. Die Testpersonen sahen gleichzeitig mit beiden Augen unterschiedliche Bilder. Während ein Auge das Bild eines weißen Gesichts sah, wurde dem anderen das Bild eines schwarzen Gesichts vorgelegt. Dieses dichotomische Experiment erbrachte einige interessante Ergebnisse. Die weißen Südafrikaner waren in der Lage, beide Bilder zu einem Gesicht zu verschmelzen, während dies den Eingeborenen nicht gelang.

Dr. Budzynskis Vorgehen mit dichotomischen Audiosubliminals scheint die unterschiedlichen Gehirnhälften insofern anzusprechen, als dabei gleichzeitig dominante und niedrigerwertige Funktionen betroffen sind, wobei das Ganze vielleicht wegen der »blockierenden« Aspekte der Wahrnehmung so gut funktioniert.

Eine Theorie über die »Mami«-Subliminals besagt, daß diese ihre Wirkung verlieren, wenn ihre Anwendung mit bewußter Wahrnehmung verbunden ist. Es wird angenommen, daß dieses Ergebnis auf der Fähigkeit des Bewußtseins fußt, jeglichen Input entweder annehmen oder ablehnen, in gewisser Weise also abschwächend wirken zu können. Viele Beweise für diese Theorie stammen aus der Erforschung der visuell dargebotenen subliminalen Reize (Bilder und Worte).

Ich selbst habe an einem Experiment mit Audiosubliminals teilgenommen, das andere Ergebnisse erbrachte. Lee Liston und Charles McCusker vom Utaher Staatsgefängnis haben zusammen mit mir ein Subliminal-Skript entworfen, das die »Mami«-Nachrichten enthielt und das den Teilnehmern vor der Anwendung des Programms zum Lesen gegeben wurde. Liston, ein Beamter der Utaher Strafvollzugsbehörde, hatte die Erlaubnis erhalten, das Experiment unter gewissen Bedingungen und mit gewissen Einschränkungen durchzuführen. McCuskers Wissen über psychologische Statistik und computergestützte Psychometrie ermöglichte es, Messungen vor und nach dem Versuch durchzuführen.

Das Experiment war als Doppelblindversuch ausgelegt, an dem eine wartende Kontrollgruppe, eine Placebogruppe und eine Testgruppe teilnahmen. Zwei psychologische Meßinstrumente, nämlich das Minnesota Multiphase Personality Inventory und die Thurston Temperament Scale, wurden zur Bewertung der Daten vor und nach dem Versuch eingesetzt.

Die Vortests zeigten drei Problembereiche, die im allgemeinen für alle Häftlinge zutrafen: niedrige Reflektivität, niedrige Soziabilität und hohe Selbstentfremdung. Diese drei Bereiche bestimmten den Inhalt des Subliminal-Skripts.

Eine unserer Entdeckungen ließ uns annehmen, daß zumindest eine Neigung, die für diese spezielle Gruppe freiwilliger Häftlinge (insgesamt 40) typisch wäre, sich aus der Art erkennen ließ, wie sie auf »niedriges Selbstwertgefühl« reagierten. Es war, als ob sie beschlossen hätten, daß ihr niedriges Selbstwertgefühl ein Ausdruck für die Minderwertigkeit der Gesellschaft sei. Wenn sie selbst nichts wert seien, wäre es auch kein anderer!

Konsequenterweise wurden die subliminalen Informationen dahingehend entworfen, daß die Selbsteinschätzung der Gefangenen und ihre Einschätzung der Gesellschaft positiver wurden. So entstanden die folgenden Affirmationen dieses Programmes:

Ich bin ruhig.
Ich bin entspannt.
Ich beherrsche mich.
Ich erschaffe meine Zukunft selbst.
Ich bin eigenverantwortlich.
Ich bin geduldig.
Ich bin ehrlich.
Ich bin friedlich.
Ich bin gelassen.
Ich vergebe mir selbst.
Ich vergebe den anderen.
Ich bin positiv.
Ich bin verantwortlich.
Ich bin glücklich.
Ich bin zuversichtlich.
Ich bin fähig.
Ich kann alles erreichen.
Ich bin Eins mit dem Göttlichen.
Mami und ich sind eins.
Ehrlichkeit ist Einheit.
Ich lebe in Einheit.
Ich mag mich selbst.
Ich mag die anderen.
Ich respektiere mich selbst.
Ich respektiere die anderen.
Ich liebe alles.
Alles ist Einheit.
Ich bin friedlich in der Einheit.

Es wurden zwei Bänder erstellt, die, abgesehen davon, daß eines von ihnen keinen subliminalen Inhalt hatte, völlig identisch waren. Die Affirmationen waren langsam, bedächtig und mit einer bedeutungsvollen Intonation gesprochen. Die Aufnahmen hatten zwei Hauptinformationsträger: Meeresrauschen und pentatonische Klaviermusik. Obwohl das Projekt durch einige unvorhersehbare und unerwartete Umstände sowie durch die Auflagen der Strafvollzugsbehörde beeinträchtigt war, konnte eine Reihe von statistisch wertvollen Daten gesammelt werden. Auf Grund des großen Erfolgs dieses Projekts hat man unterdessen mit der Durchführung weiterer Studien begonnen.

Einige Ergebnisse und Rückschlüsse:

1. Die Testgruppe verbesserte sich in den drei angesprochenen Bereichen deutlich.
2. Bei fast allen Beobachtungen der Kontroll- und Placebogruppe war eine Entstellung der verschiedenen Variablen festzustellen, die sich auf soziale Anpassungsfähigkeit, Autoritätsprobleme und das Selbstwertgefühl bezogen. Diese Entstellung entstand entweder aus Frustration oder durch die Gefängnisatmosphäre. Wie auch immer, dieses Ergebnis läßt die positiven Veränderungen statistisch um so aussagekräftiger werden.
3. Etwa doppelt so viele Teilnehmer der Placebogruppe wie der Testgruppe gaben während des Experiments auf. (Das Experiment wurde ausschließlich auf freiwilliger Basis durchgeführt, die Bänder und Abspielgeräte wurden täglich kontrolliert. Es wurden weder Zwänge noch irgendwelche anspornenden Techniken angewandt.)

4. Die konstatierte umgebungsbedingte »Zersetzung«, die in der Placebo- und Kontrollgruppe entstanden war, legte eine Anwendung über einen Zeitraum von dreißig Tagen nahe, um die größtmögliche Effektivität zu erreichen.

Das Subliminal-Programm war so ausgelegt, daß Rückfälle unterbrochen und ihre Raten verringert werden sollten. Da das Experiment statistisch primär auf Zweijahresabschnitte ausgelegt war, wird es noch eine Weile dauern, bis weitere Ergebnisse verfügbar sind.

Im Ergebnis dieser und vieler anderer Untersuchungen hat die subliminale Kommunikation in Fachkreisen viel an Glaubwürdigkeit gewonnen. In der Tat scheinen die neueren Forschungsarbeiten davon auszugehen, daß subliminale Kommunikation nachweislich existiert. Eine Studie zeigt beispielsweise, daß gewisse Persönlichkeitstypen subliminale Suggestionen bereitwilliger integrieren als andere. Einige Forscher weisen auf eine Korrelation zwischen der Empfänglichkeit für PSI-Phänomene und der für subliminale Wahrnehmung hin. (Der Ausdruck PSI wird von Parapsychologen für die Energien oder Phänomene verwendet, die bei paranormalen Vorgängen gegenwärtig sind.) In einem Artikel, der im *Journal of the American Society for Psychiatric Research* erschien, verglich die Forscherin Gertrude R. Schmeichler außersinnliche Wahrnehmung (als normale sensitive Fähigkeit) mit der Fähigkeit zur subliminalen Wahrnehmung. Ihre Vergleichsstatistiken zeigten, daß sich durch die Wertungen der einen Skala Voraussagen auf die Wertungen der anderen Skala machen ließen.

Diese positive Wechselbeziehung zwischen übersinnlicher und subliminaler Wahrnehmung legt die Vermutung nahe, daß es möglich sein müßte, vor der Untersuchung subliminaler Reizwirkungen Gruppen von verschiedenen Persönlichkeitstypen zu bilden, um damit relative Unterschiede zwischen den einzelnen Gruppen erfassen zu können.

Kurz, es geht nicht mehr um die Frage, ob subliminale Kommunikation »wirklich« ist, sondern eher darum, wie man sie am besten einsetzt, um positive Ergebnisse zu erzielen.

11. Auf der Suche nach dem Bewußtsein

Ein Gedanke ist eine Idee auf der Durchreise.

PHYTAGORAS

Bewußt oder unbewußt

Es spricht viel dafür, daß das subliminale Bewußtsein bereits entstanden ist, bevor der Mensch sein Bewußtsein artikulieren konnte. Alte mythische Schriften und die über sie von den jeweils besten zeitgenössischen Wissenschaftlern verfaßten Deutungen gehen davon aus, daß unser Bewußtsein Teil eines größeren Bewußtseins ist; daß Gedanken Energieübertragungen sind und daß das Bewußtsein (das individuelle wie das gesamte) Sender und Empfänger zugleich ist, zugleich sendet und empfängt. Ohne diese Annahme wäre die Entwicklung des Bewußtseins bzw. seines Artefakts Intelligenz (Wissen im Gegensatz zu Weisheit) begrenzt gewesen.

Stellen Sie sich, wenn Sie wollen, eine Zeit vor, in der der Mensch nicht über sich selbst oder vielleicht auch überhaupt nicht gesprochen hat; eine Zeit, in der der Mensch auch kein Wort gehört hat, denn Worte existierten noch nicht. Eine Zeit, zu der das Individuum das Wesen der Individualität noch nicht kannte.

Eine Zeit, in der alles im Einklang arbeitete, zum Wohl des einzelnen und des Ganzen. Eine Zeit, in der alles Wissen noetisch (= sowohl auf richtiges Denken als auch auf wahres Erkennen gerichtet; Anm. d. Red.) war. Eine Zeit, zu der das Wissen innere Eingebung war, intuitive Führung, Ausdruck eines instinktiven Dranges, Gedankenaustausch ohne Worte oder Vision von Bildern, die Zwecke und Bedürfnisse repräsentierten. Eine Zeit, als eine telepathische Gemeinschaft von Menschen Erfahrungen machte, ohne zu denken, »wußte«, ohne zu intellektualisieren, Zeugnis ablegte, ohne Aussagen zu machen, diente, ohne die geringste Ahnung von Dienstbarkeit, und fühlte, ohne die Unterscheidung der fünf Sinne zu kennen.

Können Sie sich solch eine Zeit auf der Erde vor vielen Jahrtausenden vorstellen? Haben Sie je die Erfahrung gemacht oder das Gefühl gehabt, etwas zu wissen, was der intellektuellen Einsicht widersprach? Hatten Sie je eine innere Eingebung? Oder ein Gefühl von »déjà vu«? Haben Sie je paranormale Erfahrungen gemacht? Buchstäblich jeder Mensch hat im Laufe seines Lebens in irgendeiner Form innere nonverbale Führung erhalten, entweder in seinen Träumen oder einfach aus dem Nichts heraus. Ist es dann noch schwer, sich eine Welt vorzustellen, in der das *Ich* keine Entsprechung hatte und auch das Wort an sich noch nicht existierte? Eine Welt, in der das »Alle für einen und einer für alle« keine Worte waren, sondern die *natürliche Beziehung* untereinander? Könnte dies die Art von Wissen sein, die uns die alten mythischen Schriften offenbaren wollen?

Entstanden die Plagen des Menschen nicht durch die Fähigkeit zu denken, sondern durch die Verbalisierung seiner Gedanken? Wurden seine Worte zu Dingen, die ihn nicht nur von seiner und der Welt der anderen trennten, sondern letztlich auch von sich selbst und damit von der Realität? Haben ihn seine Götter im Stich gelassen oder verwirrt, damit er den Wert des Wissens kennenlernt? Gab es, metaphorisch ausgedrückt, einen Turm zu Babel, von dem der Mensch nicht nur die verschiedenen Sprachen erhielt, sondern auch die Sprache an sich, als Strafe für ein Vergehen? Oder wurde ihm die Sprache, was das betrifft, aus irgendeinem anderen Grunde gegeben, zum Beispiel aus der Laune seiner Götter heraus?

Ist es möglich, daß es, wie uns die Fabel vom Garten Eden lehrt, in der Tat die Frucht vom Baum des Wissens war, die den Menschen aus der Gegenwart der Götter vertrieb? War es eine selbstauferlegte Verbannung oder Ächtung, eine Zeit, zu der der Mensch begann, seine Götter zu verleugnen und seinen Intellekt zu heiligen?

Sind die inneren Stimmen eine paranormale Aktivität, ein von den Göttern verliehenes Geburtsrecht oder nur eine Auswirkung einer schlecht angepaßten Psyche? Julian Jaynes verbannt diese Stimmen in seinem wunderbaren Werk »Der Ursprung des Bewußtseins im Untergang des Zweikammerdenkens« in das Reich der Schizophrenie. Aber wir wollen hier nicht das Pferd vom Schwanz aufzäumen. Jaynes Werk ist es durchaus wert, kurz betrachtet zu werden.

Zu Anfang stellt Jaynes einen Zeitplan auf, der die Evolution des Bewußtseins bis zu seiner Schöpfung und der Verwendung einer *Ich*-Analogie zurückverfolgt. Genaugenommen sprach Jaynes' Mensch nur zu sich selbst und seinem Gott bzw. seinen Göttern, bis sich sein Bewußtsein so weit entwickelt hatte, daß er in der Lage war, mit den anderen Menschen zu kommunizieren. Die, die sich nicht weiterentwickelten, wurden eliminiert, eine Art Überleben des Stärkeren nach den Richtlinien der stärksten Gruppe.

Jaynes schematisiert und belegt seine Theorie folgendermaßen:

> »An einem gewissen Punkt der menschlichen Geschichte existierten Zivilisationen ohne Bewußtsein... Subjektives Bewußtsein ist eine Analogie zu dem, was man Realität nennt. Es ist auf einem Wortschatz errichtet oder auf einem lexikalischen Feld, dessen Begriffe Metaphern oder Analogien für das Verhalten in der physischen Welt sind. Seine Realität gehört in dieselbe Kategorie wie die Mathematik. Es gibt uns die Möglichkeit, Verhaltensvorgänge abzukürzen und zu angemesseneren Entscheidungen zu gelangen. Wie die Mathematik ist es eher etwas, das wirkt, als eine Sache oder eine Quelle. Und es ist wenigstens mit dem Willen und der Entscheidung verbunden« (1976).

Um dies zu verstehen, muß man als erstes Bewußtsein verstehen. Jaynes behandelt dieses Thema wunderbar im ersten Kapitel seines Buches, und auch ich spreche in meinem Buch »Exklusiv hergestellte Illusionen« darüber. Doch für diejenigen, die noch nichts über dieses Thema gelesen haben, wird hier der Begriff »Bewußtsein« noch einmal untersucht, bevor wir dann weitergehen.

Das Wesen des Bewußtseins, das heißt die eigene Wahrnehmung des Selbst, ist Gegenstand von Auseinandersetzungen gewesen, seit der Mensch das erste Mal sein unabhängiges Selbst als das Agierende und Interagierende in der Welt postuliert hat. Ohne kritische Gedanken wird das Bewußtsein vom Durchschnittsindividuum wahrscheinlich als »wach sein« charakterisiert. Die Metaphysik beschäftigt sich mit dem Bewußtsein in einer höheren Form, und zwar als einem Bewußtsein, das in gewisser Hinsicht über das persönliche Ego hinausgeht, aber immer entweder ein unbeschreibbares Erfahrungs-Bewußtsein bleibt oder einfach das Bewußtsein von einem höheren Bewußtsein, das sich niemals mit der Frage beschäftigt, woraus sich das *wirkliche* Bewußtsein zusammensetzt.

Es ist wichtig, daß wir das Bewußtsein mit seinen verschiedenen dazugehörigen Stufen und Elementen verstehen, wenn wir uns mit seiner Entwicklungsgeschichte und seinen Funktionsweisen befassen wollen – den bewußten, vor-bewußt/unterschwellig bewußten und unterschwellig/unbewußten Funktionen. Mit anderen Worten, Bewußtsein ist nicht nur ein Zustand, in dem man sich seines Bewußtseins bewußt ist, sondern vielmehr eine Integration der Bewußtseinsstufen und vielleicht auch dessen, was Jung kollektives Bewußtsein (bzw. das kollektive Unbewußte) genannt hat. In meinen Augen ist es ein sich entfaltendes (selbstverwirklichendes) und abhängig machendes Bewußtsein, das sich in einer gewissen Form manifestiert. Damit verwende ich nun die Platonische Unterscheidung zwischen dem einzelnen und der Form, wobei die Form die Abstraktion (den Gesamtbegriff) »Stuhl« meint und das einzelne ein spezieller

Stuhl ist, zum Beispiel ein Schaukelstuhl. Offensichtlich sind nicht alle Stühle gleich, und doch dient der Gesamtbegriff »Stuhl« der Kommunikation und dem Verständnis dessen, was einen Stuhl ausmacht. Wenn Ihnen dies verwirrend erscheint, versuchen Sie sich die Frage zu beantworten: Was ist Bewußtsein ohne ein Objekt?

Um den Begriff »Bewußtsein« genauer definieren zu können, lassen Sie uns zunächst untersuchen, was gewöhnlich darunter verstanden wird.

Es kostete die Menschheit Jahrhunderte, mit der Unterscheidung zwischen den verschiedenen Bewußtseinsebenen zu Rande zu kommen; Jahrhunderte vergingen, von der Literatur mit Wahrheiten überschwemmt, bevor der Mensch die Existenz des dunklen und mysteriösen Unbewußten annehmen konnte, das auf so vielen verschiedenen Ebenen arbeitet. Nach der Geburt der Psychoanalyse vergingen noch viele Jahrzehnte, bis der Mensch das Wissen über den »sechsten Sinn« anerkannte und Institutionen damit begannen, Lehrgänge anzubieten, durch die man am Ende einen Titel oder ein Diplom in Parapsychologie erwerben konnte. Jede Definition von *Bewußtsein* muß also auch die Komponente des sogenannten »sechsten Sinns« beinhalten, um die verschiedenen Phänomene mit einzubeziehen, die durch unsere Erkenntnis dessen ausgelöst wurden, was Bewußtsein ist bzw. was es nicht ist.

Reaktivität

Bewußtsein ist nicht Reaktivität. Reaktivität ist eine unbewußte Reaktion auf einen Reiz. Die klassische Pawlowsche Konditionierung ist ein gutes Beispiel hierfür. Wir reagieren fortwährend auf innere und äußere Bedingungen, ohne daß wir sie bewußt wahrnehmen. Unsere Körper passen sich beispielsweise der Nahrung an, die wir zu uns nehmen, der Luft, die wir atmen, und den Gedanken, die wir haben. Während wir an etwas Erotisches oder Furchterregendes denken, veranlassen wir, obwohl nicht bewußt, den Sympathicus oder den Parasympathicus (= Teile des vegetativen Nervensystems; Anm. d. Red.) dazu, die entsprechenden physiologischen Reaktionen auszuführen. Selbst wenn wir uns über die Zusammenhänge zwischen Gedanken und physiologischen Reaktionen bewußt sind, denken wir nicht bewußt an die Reaktivität an sich, sondern eher an die Assoziation. In Wirklichkeit ist es so: Je mehr man sich diese Assoziation auf eine analytische Art bewußt macht, desto unwahrscheinlicher wird die Intensität der sofortigen Reaktion in der reaktiven Beziehung.

Wenn die Reaktivität von außen gemeint ist, gelten dieselben Regeln. Nehmen Sie zum Beispiel die Wahrnehmung von allem, was um uns herum ist. Sie werden sich vieler Dinge, die sie schon oft gesehen haben, bewußt sein oder auch nicht. Das erinnert mich an eine Szene aus dem Film »Der erste Montag im Oktober«, in dem Walter Matthau von seiner getrennt lebenden Frau gebeten wird, seine Tapete zu Hause zu beschreiben. So wie Matthau seine bewußte Selektion dahingehend begrenzt hatte, daß die Beachtung von

Tapetenmustern von vorneherein ausgeschlossen war, so entscheidet unser bewußter Zustand recht willkürlich darüber, was uns wirklich bewußt werden soll. Wir scheinen dies jedoch durch die Wirkungsweise irgendeiner unbewußten Modalitätenpriorität zu tun (zum Beispiel Abwehrmechanismen). Das heißt, wenn uns das, was uns vorher nicht bewußt war, bewußt wird, wird uns zugleich bewußt, was uns vorher nicht bewußt war, obwohl es uns nichtsdestoweniger bewußt war. In diesem Zusammenhang wird das Bewußtsein zu einem viel zu kleinen Aspekt unserer mentalen Aktivitäten, als daß wir uns darüber bewußt sein können, denn »wir können uns nicht einer Sache bewußt sein, deren wir uns nicht bewußt sind« (Jaynes, 1976).

Die Gedächtnistafel

»Jeder Mensch hat den Wunsch nach Wissen«, sagt Aristoteles (Ross und Kaplan, 1970), und Bewußtsein ist die Voraussetzung für »Wissen«. Aristoteles postulierte weiterhin das, was durch die Jahrhunderte als Metapher des »reinen Geistes« bekannt wurde. Im 17. Jahrhundert machte John Locke dieses Konzept durch seine Tabula-Rasa-Theorie des Bewußtseins wieder populär. In den siebziger Jahren unseres Jahrhunderts entwickelte J. Krishnamurti in einer Vorlesung, die er an der Berkeley-Universität, Kalifornien, hielt, eine äußerst populäre Bewußtseinstheorie, welche das kameraartig aufzeichnende Wesen des Geistes betont. Krishnamurti präsentierte die Konstruktion, daß die Idee der Freiheit reiner Unsinn und die Fähigkeit auszudrücken, was immer man will, nur Illusion sei. Die Gedanken seien nicht frei, denn sie reagierten aus dem Gedächtnis heraus (1972).

Nun, wenn das Bewußtsein eine Gedächtnistafel ist, sind wir uns dann des Bewußtseins bewußt? Gibt es nicht viele Dinge, von denen wir unbewußte Erinnerungen haben? In meinem Beruf habe ich in Gerichtsfällen oft Hypnose bei Opfern und Zeugen angewandt, um an Erinnerungen heranzukommen, die vom Bewußtsein verdeckt waren. Ist das unbewußte Gedächtnis deshalb ein Teil des Bewußtseins? Wie viele von uns machen sich einer eigenen Teilamnesie schuldig, über die unangenehme Erinnerungen zum Wohl des eigenen psychischen Wohlbefindens unterdrückt werden, wobei Dinge einfach vergessen werden, vom besten Freund in der ersten Klasse bis hin zu Material, das wir einmal für eine Prüfung auswendig gelernt haben? Ist dies alles Bewußtsein, oder sind wir auf ein unbewußtes Bewußtsein angewiesen? Jaynes sagt: »Bewußtes Erinnern ist nicht die Wiedergewinnung von Bildern, sondern die Wiedergewinnung von etwas, dessen man sich vorher bewußt war, und das Wiedereingliedern dieser Elemente in rationale und plausible Muster« (1976).

Bewußtsein ist deutlich mehr (und gleichzeitig auch weniger) als in der »Reiner-Geist-« oder verwandten Theorien dargestellt wird. Diese Definition nähert sich lediglich einer Hypothese, die einem, wenn man sie untersucht, äußerst wenig axiomatisches Verständnis bringt.

Kann man sagen, daß das Bewußtsein eine Interaktion von allem Obengenannten ist und daß sein Nachweis und seine Funktionen a priori gegeben sind? Schließlich sitze ich hier und schreibe, Sie lesen es dann, und anzunehmenderweise laufen in diesem Austausch irgendwelche geistigen Prozesse ab. Kann man dies als Bewußtsein bezeichnen? Wenn ja, müssen wir dann auch logisch daraus folgern, daß das Bewußtsein durch das Lernen bewiesen ist, durch das Verstehen von Begriffen, durch Vernunft und Denken?

Ja, natürlich, könnten Sie entschieden sagen. Aber Bewußtsein ist nicht nötig, um zu denken, zu lernen oder Begriffe zu konstruieren. Wenn es um Begriffe geht, denken Sie daran: Hat je irgend jemand *den* Stuhl (»an sich«) gesehen oder nur *einen* (konkreten) Stuhl? Erinnern Sie sich an das Platonische Beispiel von der Gesamtheit »Stuhl« und dem Schaukelstuhl? Wenn man nun diesen Aspekt untersucht, muß man erkennen, daß alles, was jemand gesehen haben kann, immer nur das einzelne, das Spezielle sein kann. Die Form hat keinen Bezug, außer durch die Orientierung am einzelnen. Stellen Sie sich die Form von Gefahr vor oder die Form von Heiligkeit. Jeder, der ein wenig Zeit in der Natur verbringt, weiß, daß sogar Tiere und Insekten mit diesen Formen vertraut sind und gelegentlich beide ohne offenkundigen Reiz spüren können. So ist Bewußtsein das Erkennen der Form oder des Begriffs. Unterscheidet sich das Bewußtsein eines überwinternden Baums vom Bewußtsein eines Bären oder dem eines Homo sapiens? Das, was wir mit Bewußtsein ausdrücken wollen, ist irgendwie anders als das, was wir dem Grizzly oder der Eiche zuordnen würden. Ein Psychologe würde sagen, daß dies die Grundstrukturen sind, die grundsätzlich vor der Erfahrung existieren. Diese Grundstrukturen sind im wesentlichen ein Teil der neurologischen Basis der Fähigkeiten. So müssen wir also schließen, daß Begriffe im wesentlichen entweder eine Funktion der Sprache oder etwas ganz anderes sind als das, was wir ursprünglich als Bewußtsein bezeichnen wollten.

Lernen und Denken

Wie ist das nun mit dem Lernen und Denken? Sprechen wir zunächst über das Lernen. Wir erwähnten vorher die Pawlowsche Konditionierung. Man läutet eine Glocke, und weil das Läuten der Glocke 140mal mit der Verteilung des Futters erlebt wurde, setzt der Speichelfluß ein. Hier haben wir es eindeutig mit einem Lernprozeß zu tun, aber ist es auch Bewußtsein? Nein. In Wirklichkeit weiß die Wissenschaft inzwischen, daß die bewußte Wahrnehmung von Konditionierungstechniken den Lernprozeß behindert. Wir haben alle genug über die »schlaue Labyrinth-Ratte« gehört, um zu wissen, daß eine überstimulierte schlaue Ratte plötzlich wieder dumm wird. Ist dies ein weiteres Beispiel für ein Eingreifen von Seiten des Bewußtseins? Wie steht es mit den oft als gegeben hingenommenen sensorisch-motorischen Fähigkeiten, die wir alle in gewissem Maße haben? Wenn ich mir jede Bewegung meines Füllers beim Schreiben bewußt mache, häufen sich auf einmal die Fehler. Wenn sich ein guter Athlet jede Bewegung bewußt macht, schwindet plötzlich seine Fähigkeit, diese Bewegung auszuführen. Greift hier wieder das Bewußtsein ein? Braucht man das Bewußtsein zum Lernen? Vielleicht nicht, könnten Sie sagen. Zumindest dort nicht, wo es um motorische Fähigkeiten geht. Aber wie steht es mit dem geistigen Lernen, vom abstrakten bis zum mathematischen, vom hintergründigen zum impliziten?

Das bringt uns zum Denken und zum Lösungslernen. Wie vorher schon gesagt, kann Lösungslernen durch einen konditionierten Reiz künstlich hergestellt werden und hat somit mit Bewußtsein gar nichts zu tun. Das Denken scheint andererseits die Lösung dieses Problems zu beinhalten – oder etwa nicht? Die Psychologen erzählen uns im Gegensatz dazu, daß das Denken ein automatischer Vorgang zu sein scheint. »Eine andere Möglichkeit, dies auszudrücken, ist, daß man bereits denkt, bevor man überhaupt weiß, worüber man nachdenkt« (Jaynes, 1976). Der wichtige Teil ist hierbei der Befehl, der die ganze Sache automatisch ablaufen läßt.

In Ordnung, werden Sie sagen, was ist denn mit der Neigung des rationalen Intellekts, mit der Vernunft? Das ist doch ganz sicher Bewußtsein! Schon mit Hilfe von Wortspielen ließe sich dieser elementare Beweis des Denkens widerlegen. Schließlich künden jedes logische System, alles Wissen an sich und jede Technologie lautstark von der Existenz der Vernunft und, daraus sich ergebend, des Intellekts und ganz offensichtlich auch des Bewußtseins.

Wir haben es hier mit einer zweiteiligen Sache zu tun. Das Denken spielt sich in vielen Variationen ab, und eine von ihnen ist das System der Inferenz (Schlußfolgerung). Was genau ist Inferenz? Wenn ein Kind von dem ersten Hund gebissen wird, den es zu Gesicht bekommt, wird es dann automatisch folgern, daß alle Hunde gefährlich sind? Wenn dasselbe Kind nun durch die Nachbarschaft läuft, um dort von einem Hund traumatisiert zu werden, der nur durch eine Kette um seinen Hals davon abgehalten wird, das Kind zu zerfleischen, wird es dann ganz sicher annehmen, daß alle Hunde schlecht und gefährlich sind? Wird das Kind ab einem gewissen Punkt, durch Untermauerung dieses ausschließlich negativen Bezugs, eine Phobie entwickeln? Wird es, selbst wenn es dann erwachsen ist und die Ursache seiner Phobie kennt, diese jemals völlig ablegen können? Ist das bewußtes Denken? Wie kontrolliert die Vernunft bewußte Angst? War es notwendig, bewußt zu werden, bevor die Angst ins Spiel kommen konnte?

Eine andere Form des Denkens sind die Werturteile unserer Gefühle und unsere Wahrnehmungen der Gefühle, Wahrnehmungen und Charaktere anderer. Die Psychologie kommt zu dem Schluß, daß diese »eindeutig das Resultat automatischer Schlußfolgerungen unseres Nervensystems sind, in dem das Bewußtsein nicht nur überflüssig ist, sondern, wie es bei der Motorik der Fall ist, den Prozeß wahrscheinlich nur behindern würde« (Jaynes, 1976).

Wieder Denken durch Schlußfolgerung? Kategorisches Denken? Erfahrungsdenken? Verallgemeinerung? Das ist nichts Außergewöhnliches – alle höheren Wirbeltiere besitzen diese Fähigkeit. Ist das aber Bewußtsein?

Wie steht es mit empirischem Denken? Die Literatur ist voll von Geschichten über kreative Genies. Durch fast alle fließt die Inspiration. Ein inspirierender Gedanke beschlagnahmt plötzlich und überwältigend das Bewußtsein. Manchmal drängt er sich dem Autor auf und löst eine ungemeine Euphorie aus, was

Einstein dazu veranlaßte, sein Rasiermesser immer mit zwei Händen zu halten, damit er sich nicht schnitt, wenn er plötzlich eine Eingebung hatte. Wer hatte nicht schon einmal ein scheinbar unlösbares Problem, dessen Lösung ihm plötzlich in den Kopf schoß? Inspiration ist für die Spezies so normal, daß darum kein großes Aufheben gemacht wird, außer es handelt sich um die Kategorie der genialen oder spirituellen Inspiration.

Ist also das höchste Moment allen Denkens, die Inspiration hinter der Lösung, eine unbewußte Angelegenheit? Das ist weder das, was wir mit Bewußtsein ausdrücken wollen, noch das, was wir als Definition zum besseren Verständnis haben wollen.

Was ist dann aber Bewußtsein, und wo kommt es her? Sind wir in der Lage, eine unbewußte Zivilisation zu begreifen, wie sie Jaynes darstellt?

Ist Bewußtsein notwendig?

Wir müssen zu dem Schluß kommen, daß Bewußtsein für die unterschiedlichen Phänomene der Wahrnehmung nicht notwendig ist – für Reaktivität, motorische Fähigkeiten, das Sprechen, Schreiben, Zuhören und Lesen. Ist Bewußtsein ein Zustand der Erfahrung? Wir müssen in der Tat zugeben, daß das Bewußtsein all das beeinflußt und behindert, was wir vorher für Bewußtsein gehalten haben. Wenn Aufmerksamkeit zu einem bewußten Akt wird, ist das Ergebnis Unaufmerksamkeit. Ist Aufmerksamkeit Bewußtsein? Ist es ein synergistischer Sachverhalt, der

Gedanken, Einsicht, Erfahrung und Reaktivität in der »Form« integriert, von der immer nur das »einzelne« sichtbar sein kann? Ist das Individuelle die Manifestation einer Ganzheit, ein Universum innerhalb eines Kosmos des Bewußtseins, eine Holographie in einer Holographie, ein Fragment des kollektiven Bewußtseins? Ist Bewußtsein nur ein Verständnis, das mit Hilfe irgendeines elektrochemischen Prozesses in unseren Biocomputer eingespeichert ist und das nur so lange überlebt, wie der Organismus lebt? Ist es nur ein Begriff an sich, der nach dem Tod der physischen Matrix zugrunde geht? Ist das Denken eine Täuschung, nur eine Art mechanische, technische, biologische und wissenschaftliche Angelegenheit?

Wenige von uns werden dazu neigen, die Vorstellung zu akzeptieren, daß das Bewußtsein nicht mehr ist als ein komplexes Neurotransmittersystem, das in vieler Hinsicht wie ein hochentwickelter Computer arbeitet, obwohl es vielleicht in vielen Fähigkeiten und in seiner Zuverlässigkeit unzureichend ist. Genausowenig sind wir darauf erpicht, es lediglich als ein mächtiges Energiefeld in der Holographiemetapher zu sehen, ohne eine weitere Voraussetzung – den dazugehörigen Befehl.

Was ist dann aber Bewußtsein? Für Jaynes ist seine Manifestation die auf der Sprache basierende Realisierung. In dem Maße, wie sich die Sprache entwickelte, entwickelte sich auch das Bewußtsein und umgekehrt – eine Art Huhn-Ei-Beziehung.

Wenn unsere Definition von Bewußtsein unzulänglich ist, wie können wir die Erfahrung desselben in kleine Stückchen unterteilen, die nur in der Abhängigkeit von Sprachgebilden existieren, die wiederum selbst für das Bewußtsein nicht notwendig sind? Die scheinbar grenzenlosen Möglichkeiten, die dieses »Geist-Gehirn-Ding« beinhaltet, nicht nur die des menschlichen Wesens, sondern aller Arten, ergeben nichts begrenzt Notwendiges. Notwendigkeit impliziert eine Bedingung, denn etwas *ist* oder *ist nicht* notwendig, was wiederum von der Wahrnehmung abhängt. Irgendwie gestattet uns dieses »Geist-Ding« nicht, es in das Organ Gehirn ein- oder sonst einer scharf abgegrenzten Funktion zuzuordnen.

Deshalb kann natürlich die Frage gestellt werden: Ist Geist notwendig für das Bewußtsein? Und damit sind wir wieder mitten drin – denn sprechen wir hier vom bewußten oder unbewußten Geist? Oder was meinen wir, wenn wir *Geist* sagen? Die Wahrnehmung unterliegt, wie das Bewußtsein selbst, nicht nur unseren Erwartungshaltungen und unseren Abwehrmechanismen, sondern ist auch durch die Natur unserer Definitionen selbst eingeschränkt. In gewissem Sinne ist das, was wir sehen, alles, was es gibt, und alles, was es gibt, ist weitaus mehr als das, was wir sehen; und trotzdem nehmen wir Dinge wirklich wahr, die wir nicht sehen.

Ein nettes, einfaches und stark vereinfachendes Beispiel von nur einem der unzähligen Mechanismen, die bei eingeschränkter und doch totaler Aufmerksamkeit funktionieren, ist das folgende. Lesen Sie den folgenden Absatz aufmerksam durch. Wenn Sie sicher sind, ihn verstanden zu haben, legen Sie das Buch hin, und denken Sie ein wenig über die Bedeutung nach. Dann nehmen Sie das Buch wieder zur Hand, blättern um und folgen den Anweisungen.

FINISHED FILES ARE THE RESULT OF YEARS OF SCIENTIFIC STUDY COMBINED WITH THE EXPERIENCE OF MANY YEARS.

(Autor unbekannt)

Lesen Sie bitte den obigen Text aufmerksam durch, und zählen Sie die »F« in dem kleinen Absatz, bevor Sie weitermachen.

Wenn Sie drei gezählt haben, sind Sie wie die meisten Leute. Sie haben wahrscheinlich die »F« in »Of« übersehen, und trotzdem wissen Sie, daß Sie sie gesehen haben.

12. Zusammenfassung

Jeder, der sich die Zeit nimmt und die Mühe macht, die Literatur durchzuarbeiten, Studien durchzuführen, oder sich auf sonst einer interaktiven Basis intensiv mit einer Sache beschäftigt, hat das Recht, zu dieser Sache auch eine Meinung zu vertreten. Meinungen sind hinsichtlich des durch die jeweiligen Autoritäten gegebenen Kontextbezuges immer relativ. Ich bin mir jedoch nicht sicher, daß so etwas wie eine Autorität für subliminale Kommunikation existiert, obwohl es einige hervorragende Kapazitäten in den einzelnen Teilbereichen gibt. Doch subliminale Kommunikation geht weit über die Grenzen der einzelnen Bereiche hinaus. Es gibt auch keine spezielle Disziplin »Subliminal«, in der ein Student einen Abschluß erlangen kann.

Die subliminale Kommunikation befindet sich größtenteils noch im Anfangsstadium der Forschung. Aus diesem Grunde betrachten sich alle, die sich irgendwie mit unterschwelligen Dingen, gleich welcher Art, beschäftigen, als Pioniere, und nach Ansicht dieser Pioniere ist die subliminale Kommunikation eines der vielversprechendsten Werkzeuge, mit dessen Hilfe sich die pragmatischen Kräfte des Geistes dynamisch erforschen lassen.

In Maxwell Maltz' Gleichnis sind viele von uns zu Sklaven ihres unbewußten Computers geworden. Ihre künstlichen Erfahrungen sind generell negativ und in ihrer Gesamtheit nahezu unveränderlich beschränkt. Unser individueller Biocomputer, der wie ein Servoautomatismus funktioniert, programmiert trotz unseres bewußten Strampelns und Ringens üble Realitäten, vielleicht deshalb, weil viele von uns groß geworden sind, um zu glauben, wir könnten nicht, würden nicht und sollten nicht – nicht einmal versuchen. Wie bei jedem Rechner ist das Ergebnis bei mehr negativem als positivem Input immer negativ. Die subliminale Kommunikation bietet einen vertretbaren und leichten Weg, um die Sprachen und Gleichungen in unserem Biocomputer, das heißt in unserem Unterbewußtsein, neu zu gestalten und auszugleichen. Wir erhalten somit die Gelegenheit, wirklich selbst die Kontrolle zu erlangen. Wir ändern uns und die Welt um uns herum. Mit dieser Erkenntnis werden die Möglichkeiten plötzlich grenzenlos.

Heute kannst du das werden, was *du* zu sein glaubst, und nicht das, was du in den Augen der anderen sein könntest. Du kannst das Produkt deiner eigenen Schöpfung werden – nicht eine Projektion, durch das Auge der anderen betrachtet.

Du bist wirklich selbst-verantwortlich oder, wie es mein teurer Freund Professor Bill Guillory in seinem wunderbaren Buch »Erkenntnisse« ausdrückt: »Persönliche Befähigung kommt durch das Selbst-Bewußtsein.«

Die Asklepiaden, Mitglieder eines Physikerordens im antiken Griechenland, benutzten Humor, Drama, Magie und Mystik, um Eigenverantwortung im Denken und Handeln zu lehren. Mit den richtigen Vorbereitungen kann ein leidendes Opfer einen befreienden

Traum haben und an Geist und Körper geheilt davoneilen. Einer Rückkehr zu den alten Mustern würde jedoch auch die Rückkehr der alten Krankheit folgen. Diese Magie der Asklepiaden wohnt auch dem Annehmen unserer Eigenverantwortung inne. Du bist, was du sein *willst*. Wie Pythagoras sagte: »Vor allen Dingen achte dich selbst.« Jeder, der seine »Goldenen Verse« gelesen hat, käme wahrscheinlich zu dem Schluß, daß Pythagoras, würde er in der heutigen westlichen Welt leben, hinzugefügt hätte: »...denn es nicht zu tun hieße, sich der Achtung vor allem anderen zu verschließen.«

Viel Glück, und mögen Sie eine weise Wahl treffen!

Literatur

Barenklau, K. E., Dez. 1981. Using subliminals in technical Training. Training, 18 (1), 50–51*

Becker, H. C., and *Charbonnet, K. D.*, 28. März 1980. Applications of subliminal video and audio stimuli in therapeutic, educational, industrial and commercial settings. Eighth Annual Northeast Bioengineering Conference, Massachusetts Institute of Technology, Cambridge.

Bryant-Tuckett, R., und *Silverman, L. H.*, Juli 1984. Effects of the subliminal stimulation of symbiotic fantasies on the academic performance of emotionally handicapped students. Journal of Counseling Psychology, 31 (3), 295–305*

Dixon, N. F., 1983. Preconscious Processing. New York: Wiley.

Dixon, N. F., 1971. Subliminal Perception: The Nature of a controversy. London: Mc Graw Hill.

Dunham, W. R., 1984. The Science of Vital Forces. Boston: Damrell and Upham.*

Jaynes, J., 1986. The Origin of Consciousness in the Breakdown of the Bicameral Mind. Princeton Press, Princeton.*

Key, W., 1981. Clam Plate Orgy. New York: Signet.*

Key, W., 1974. Subliminal Seduction. New York: Signet.*

Packard, V., 1958. Die geheimen Verführer. Econ Verlag, Düsseldorf.

Wolman, B. B., ed 1973. Handbook of General Psychology. Englewood Cliffs, N. J.: Prentice Hall.*

Die mit * gekennzeichneten Publikationen werden im Text zitiert.

Register

Ablehnung 83, 86, 93
Abwehrmechanismen 35f., 67, 70, 72, 76, 102, 112, 116ff., 150
Affirmationen 107, 131f.
Aktivität 75, 137, 142
Akzeptanz 25, 27, 45f., 83, 89, 101f.
Angst 14, 20, 24, 29f., 39, 44f., 51, 71, 86, 96, 101f., 110
Anpassungsfähigkeit 132
Anti-Diebstahl-Subliminals 61
Anti-Drogen-Subliminal 108
Archetypen 125, 127
Asklepiaden 16, 124, 153f.
Assoziation 71, 78, 98, 141
Audio-Subliminal-Programm 115
Audiosubliminals 63, 129
Aufmerksamkeit 79, 148, 150

Back-Masking 40f., 57
Bedürfnisse 70, 72, 96
Begrenzung der Wahrnehmungsinhalte 76
Bewußte Selektion 141
Bewußtsein 9, 14f., 20, 33ff., 39f., 66f., 73, 75f., 80, 84, 87, 90, 93, 99, 109, 124f., 129, 135, 137ff., 149
– Begriff 138f.
– Definition 140, 149
– Ebenen des 93, 139f.
– Evolution des 137
– Funktionen des 139
– Funktionsweise des 9
– gewöhnliches 34
– höheres 139
– individualisiertes 67
– kollektives 139, 149
– subjektives 138
– subliminates 34ff., 135
– supraliminates 34ff.

– unbewußtes 143
– wirkliches 139
Biocomputer 83, 102, 149, 153
Biofeedback 98
Bioplasma 37
Black Box (Beckersche) 40

Cortex (Hirnrinde) 97f., 100

Das Ego 96, 139
Das Ich 37, 136
Das Selbst 16f., 21, 32, 34, 92, 101, 139
Denken 16f., 20, 33f., 36, 38, 62, 67, 72, 78, 83f., 90ff., 98, 110f., 144ff., 147ff., 153
– analytisches 110
– bewußtes 33, 38, 72, 78, 84, 86f.
– empirisches 147
– Grenzen des 20
– nichtbewußtes 86
– Prozesse des 84
– supraliminates 36
– unbewußtes 78
– unterbewußtes 17
– unterschwelliges 34, 87
– Versklavung des 38
– vorbewußtes 78
– Vorgang des 98
Der »sechste Sinn« 140
Desensibilisierung 102

Eigenverantwortung 100, 117, 153f.
Einflüsse 42, 119, 121
Einheitsphantasien 125, 127
Einstein, A. 86, 90, 148f.
Einstellung 31, 44, 78
Ein- und Abgrenzende Sets 119
Elektrophotographie 37
Emotionen 75, 112

Enkulturationsprozesse 112
Entscheidungen 21, 87, 138
Entspannung 39, 122
Entspannungsprogramm 111
Entspannungssubliminals 57, 106
Erfahrung 17, 27, 29ff., 72, 80, 87, 90, 92, 127, 136, 149
Erfahrungs-Bewußtsein 139
Erfolg 11, 13f., 19, 31f.
Erfolgssubliminal 108
Erinnern 71f., 143
Erinnerungsvermögen 82, 116
Erwartungen 15, 29
Erwartungshaltung 29, 150

Fähigkeiten 35, 109f., 145f., 148
− mediale 109f.
− parapsychologische 109
− sensitive 109f.
− senso-motorische 145f.
− supraliminale 35
Flüstertechnik 33, 39
Freud, S. 73, 78, 93f.

Ganzheit 13, 17, 19
Gedächtnis 75, 112, 115f., 125, 143
Gedächtnistafel 142f.
Gedanken 11, 17, 19, 24, 135, 137, 139, 141, 143, 149
Gefühle 21, 80, 115
Gehirn 20, 37, 41, 66f., 73, 85, 97f., 102, 129
Gehirnfasern 98, 100
Gehirnwäsche 58, 62
Gehirnwellenaktivität 73, 98f.
Gehirnwellenmuster 73
Geist 150, 152, 154
Glaubwürdigkeit 103
− von Experimenten 103
Glück 13ff., 18ff., 27, 30ff.

Hellseherei 36, 110
Hochfrequenz- und Radiotechnik 59
Hologramm 66f.
Holographie 67, 149
Holographisches Paradigma 66
Holographische Platte 66f.
Hypnose 16, 36, 98, 115, 143
Hypothalamus 96f., 100

Illusionen 30, 94, 138
Individuation 127
Informationen 20, 37, 39, 41, 47, 74, 76, 80, 98, 115f., 124f., 131
Informationsaustausch 37
Informationseinheit 37, 66, 71, 83
Informationsverarbeitung 66, 72, 76, 116, 124
Input 66, 74, 78, 84, 129
Inspiration 147f.
Intellekt 94, 97, 137, 146
Intelligenz 34f., 135
Interpretationsmuster 83
Introjektion 71

Kirlian-Photographie 37
Ko-Dependenz 28f.
Körpersprache 113, 117
Kognitionstheorie 77
Kollektives Unbewußtes 139
Komplexe Synergismen 81
Konditionierung 83ff., 120, 145
Konflikte 21, 29, 50
Konzept der »Schemenaktivierung« 79
Kreative Imagination 59
Kreativität 86, 90, 92
Krishnamurti, J. 26, 142

Lebenshilfe-Programme 103
Leistungssteigerung 107f.
Lernarten 82
Lernerfolg 83
Lernen 84, 90f., 144f.
Lernfähigkeit 39, 83, 111, 125
Lernhilfe-Programme 106
Lernleistungen 116
Lernmodelle 93
Lernprozeß 82, 88, 90, 92, 145
Lernverhalten 22
Lernvorgänge 77
Liebe 23ff., 89, 93
Lozanov, G. 39, 58, 115

»Mami«-Subliminal 62, 126ff.
Manipulation 38, 59, 65, 117
− psychologische 58
− subliminale 117
− unterschwellige 65
Manipulative Techniken 116
Mediale Begabung 109

Mehrfache Bedeutungsmutation 119
»Minimalwahrnehmung« 58
»Missourische Mentalität« 76
Motivation 39, 79
Motivationsanalyse 38
Motivationssubliminals 57
Motive 40, 78 ff., 94
Muzak (funktionale Musik) 40

Nachrichten 40 f., 50, 52 ff., 56, 59, 63, 72, 109, 125, 127
- Inhalte von 40
- subliminale 40, 52, 56, 59, 109, 125, 127
- symbiotische 72
- unterschwellige 50, 53 f., 56

Opfer 96, 100 f., 153
Opfer-Konditionierung 101
Opfer-Szenarien 102
Orwellsche Mittel 38, 45
Orwellsches Potential 65
Orwellsches Syndrom 51

Parametrischer Equalizer 56
Paranormale Eindrücke 109
Paranormale Vorgänge 133
Parasympathicus 141
Pawlowsche Konditionierung 141, 145
Persönlichkeit 11, 13 f., 34, 41, 133 f.
Persönlichkeitstypen 133 f.
PET-Scan-Methode 77
Phantasieformierung 70
Placebo-Effekt 61, 103, 111
Placebo-Gruppe 130, 132 f.
Positron-Emissions-Tomographie (PET) 77
Prä-bewußte Prädispositionen 73
Prä-bewußter Vorgang 73
Präkognition 110
Proaktiver Vorgang 21
Produktidentifikation 38, 70, 116
Projektion 71, 87
PSI-Phänomene 133
PSI-Test 110
Psychometrie 130
Psychotronische Konvention 110
Pygmalion-Effekt 18
Pythagoras 23, 154

Rationalisierung 87
Raum-Zeit-Kontinuum 37
Reaktionen 21 f., 27, 52, 86, 95, 99, 120, 125, 141
Reaktionskonditionierung 22
Reaktiver Prozeß 21
Reaktivität 141, 148 f.
Reflektivität 130
Regression 71
»Reiner Geist« 142 f.
Reize 21 ff., 41, 66, 73 f., 82 f., 85, 98 f., 111, 113, 115, 129, 144, 146
Reizinformation 74
Reizintensität 82
Reizregistrierung 125
Reizsituation 85
Reiztypen 21
Reizwirkungen 134
REM-Schlaf-Zyklen 99
Repression 71
Repressionsmechanismus 72
Retikuläres Aktivierungssystem (RAS) 77, 97 f.

Schwellendiskriminierung 33
Selbstachtung 14, 19, 24
Selbstakzeptanz 23
Selbstbild 88
Selbsteinschätzung 23, 131
Selbstentfremdung 86, 130
Selbstheilung 107
Selbstverantwortung 46, 51, 89
Selbstwertgefühl 23 f., 29, 128, 130, 132
Selbstzweifel 14, 17
Sinneswahrnehmung 110
Sophrologie 115
Spontane Astralprojektionen 109
»Stille Kommunikation« 35
Sublimierung 70, 72, 95
Subliminale Inhalte 40 f., 53, 56, 132
- elektronische Entzerrung 41
»Subliminale Intoxikation« 55
Subliminale Kommunikation 9, 11 f., 19 f., 33 f., 37 ff., 43 ff., 47 ff., 55, 57, 60, 65, 72 f., 75 f., 91, 102, 112 ff., 120, 122, 125, 133 ff., 152
Subliminale Selbsthilfe-Produkte 44 f., 47, 51, 61, 63

Subliminale Selbtshilfe-Programme 30, 47
Subliminale Stimuli 29, 67, 74, 77, 79, 86f., 100, 113, 124f.
Subliminales Training 58
Subliminale Struktur von Ideen 90
»Subliminales Überzeugungsvideo« 54
Subliminale Suggestionen 53, 113, 125, 133
Subliminale Techniken 9, 39, 45, 50ff., 58f., 82, 112, 115f.
Subliminal-Kassetten 48, 50, 54, 104
Subliminal-Programme 52, 56, 61, 63, 86, 105ff., 133
Subliminalprozessor 39
Subliminals 37, 39, 41, 43ff., 49, 59ff., 60ff., 67, 73, 104ff., 117ff., 121ff., 126, 128f.
Suchtverhalten 121
Suggestologie 115
Suggestopädie 39, 115
Superlearning 115
Symbiotische Phantasie 125, 127
Sympathicus 141

Tabu-Wörter 119
Tachistokop 126
»Tagesrest-Modell« 77
Thalamus 97f.
Träume 74f., 78, 112f., 115, 154
Trance-Therapien 113
Trauminhalte 73f.
Triebe 75, 78ff., 94, 112
Typ-A-Männer 128

»Übergangsriten« 84
Unbewußtes → Unterbewußtsein
Unterbewußtes → Unterbewußtsein
Unbewußte Wünsche 78
Unterbewußte Sprache 16ff., 137, 149
Unterbewußtsein 11, 15, 19f., 33, 35f., 53, 72ff., 79f., 84, 111, 116, 124f., 140, 153
Unterschwellige Effekte 30, 52
Unterschwellige Kommunikation → Subliminale Kommunikation

Unterschwellige Techniken → Subliminale Techniken

Verantwortung 21f., 24, 28f., 88, 117
Verdrängung 70
Verführung 38, 42
– psychologische 38
– subliminale 42
Vergeben 20, 22, 25, 101
Verhalten 21, 76, 84, 86f., 89, 95, 98, 100, 117, 119, 125f.
Verleugnung 70
Vernunft 94, 144, 146f.
Versagensängste 84
Versteckte Botschaften 50
Vertrauen 32, 84
Videosubliminals 63
Vor-bewußte Verarbeitung 124
Vor-Bewußtsein 84
Vor-Einstellungen 112f.
Vorstellungen 19f., 33, 89

Wahrheit-Lüge-Kontinuum 118
Wahrnehmung 37, 44, 50, 67, 71, 73ff., 79ff., 90ff., 102, 109, 112f., 117, 121, 124f., 129, 133f., 139, 141, 145, 148
– außersinnliche 109, 133
– Begriff der 74
– bewußte 71, 73, 80, 112, 125, 129, 145
– des Selbst 139
– subjektive 76
– subliminale 74, 77, 113, 133
– übersinnliche 134
– unbewußte 80
– unterschwellige 50, 77
Wahrnehmungstheorie 79f.
Werbung 43f., 54f., 70, 113
– subliminaler Gehalt von 70
– subliminal unterlegte 113
– unterschwellige 43f., 54f.
Wertnorm-Ankerpunkt 76, 112, 117ff.
Werturteile 83, 147
Wiedererkennungswert 70
Noetisches Wissen 136f., 142
Wissenschaft der Subzeption 13
Wut 22, 27, 85, 89, 113

Whole Brain-Subliminals
nach Dr. Eldon Taylor

Die neuen Subliminalprogramme mit der weiterentwickelten und patentierten Whole-Brain-Methode von Dr. Eldon Taylor bieten entscheidende Vorteile:

1. Alle Suggestionen werden von einem Team erfahrener Psychologen erarbeitet. Für die **Qualität** garantiert ein Board of Advisors, dem neben Dr. Eldon Taylor Kapazitäten aus Wissenschaft und Medizin angehören.

2. **Hemisphärenspezifische Wirkungsweise:** Alle in den Programmen enthaltenen Suggestionen sind derart aufgebaut, daß sowohl die rechte, als auch die linke Gehirnhälfte angesprochen wird. Diesem Konzept wird auch durch ein spezielles Aufnahmeverfahren Rechnung getragen.

3. **Realtime Language Processing (RLP):** Das verbesserte Aufnahmeverfahren gewährleistet, daß alle Suggestionen in Echtzeit und Vollstereo wiedergegeben werden, wobei deren Wirksamkeit durch eine spezielle Behandlung des Tonsignals noch gesteigert wird.

4. **Voice Preference System (VPS):** Jeder Mensch bevorzugt unbewußt entweder männliche, weibliche oder neutrale (Kind) Stimmen. Diesem entscheidenden Faktor trägt dieses System Rechnung, indem jeder der drei Stimmtypen in die Programme integriert ist.

Zur Zeit sind im Handel sechs Serien erhältlich:

1. Das positive Selbsthilfeprogramm
2. Gesundheit und Vitalität
3. Besser und bewußter leben
4. Kind und Erziehung
5. Die moderne Frau
6. Erfolgreiches Lernen

Alle Programme erhalten Sie direkt im Fachhandel oder bei Edition Kraftpunkt.

Fordern Sie kostenlos und unverbindlich den neuesten Subliminal-Katalog an:

EDITION KRAFTPUNKT
Aindlinger Straße 3a, 8900 Augsburg, Telefon 08 21/70 50 11